Eleonora Bonacossa
Der weibliche Sinn in der Welt: Iris von Roten

aktuelle frauenforschung

Eleonora Bonacossa

Der weibliche Sinn in der Welt: Iris von Roten

Neue Aspekte aus Sicht der Geschlechterdifferenz

aus dem Italienischen
von Renate Bakov

Ulrike Helmer Verlag

Die Deutsche Bibliothek – CIP-Einheitsaufnahme

Ein Titelsatz für diese Publikation ist bei der
Deutschen Bibliothek erhältlich.

Die Deutsche Bibliothek – CIP Cataloguing-in-Publication-Data

A catalogue record for this publication is available
from Die Deutsche Bibliothek

ISBN 3-89741-128-8

Coverabbildung: Iris von Roten: Iris auf gelbem
Grund, 1981, © Hortensia von Roten
Gesamtherstellung: Wilfried Niederland Verlagsservice,
Königstein/Taunus
Printed in Germany

Gesamtverzeichnis sendet gern: Ulrike Helmer Verlag,
Altkönigstraße 6a, D-61462 Königstein/Ts.
E-mail: ulrike.helmer.verlag@t-online.de
Fax: 06174 / 93 60 65

www.ulrike-helmer-verlag.de

Inhalt

Königstein 18.03.04

Liebe Elisabeth Lockhardt
Wie schön zu erfahren
dass die Botschaft,
die Essen der Theorie
der Differenz weiter
geht und immer bekannter
wird. Ich wünsche
Ihnen viel Spaß beim
lesen

Johannes Heinrichs-W

Peter von Roten: „...Es wird noch im Jahr 2000 gelesen. Aber ich sage das gar nicht unüberlegt, sondern im Ernst ... ein für seine Zeit bahnbrechendes Werk wie die Bücher des Kopernikus oder des Keppler."

Iris von Roten: „Meinst du, dass das so überragende Menschen gewesen sind?"

Peter von Roten: „Ich denke nicht, aber sie haben einfach den Mut zu einem selbständigen Urteil gehabt und das niedergeschrieben." (aus einem Briefwechsel zwischen Peter von Roten, Wallis, und Iris von Roten, USA, im Jahr 1948)

„Wir müssen jetzt unseren Lebensbereich, und mehr noch, unseren Identitätsrahmen ändern. Dies kommt in seiner Tragweite einer Revolution von kopernikanischen Ausmaßen gleich und geht vermutlich sogar noch darüber hinaus". (aus der Einleitung des Buches *La democrazia comincia a due* der Theoretikerin der Geschlechterdifferenz Luce Irigaray, 1994)

All die hier beschriebenen Gedanken über Frauen und Männer sprudelten in den zwölf Jahren meines Lebens in Deutschland immer wieder aus mir hervor, manchmal sehr kraftvoll und stürmisch, und sie ergossen sich wie ein Fluss, der über die Ufer tritt.

Liebe Carlotta, lieber Filippo, dieses Buch ist Euch gewidmet, den jungen Frauen und Männern, die ihr Leben, um es mit den Worten von Iris von Roten auszudrücken, „noch nicht investiert haben. Ich meine damit Menschen, die ihre Zeit und Kraft nicht wesentlich gebunden haben. Menschen, die vermögen ungewohnten Gedanken vorurteilslos zu begegnen..."

Ich wünsche Euch, dass Ihr vorangehen und Eurer Welt einen neuen Weg aufzeigen könnt; dieser neue Weg könnt Ihr sein.

La mamma

Einführung

„Wir könnten diejenigen sein, die eine neue Epoche einleiten,
eine Politik des Herzens könnte beginnen."
(Sabine Lichtenfels)

Meine Gedanken galten immer schon den Frauen. Ich kann nicht
sagen, weshalb. Seit zwölf Jahren lebe ich nun in Deutschland und
erlebe mein „Frausein" hier, in einem Land, das nicht mein eigenes
ist. Ich kann mit ziemlicher Sicherheit sagen, dass ich die Situation
der deutschen Frauen relativ gut kenne, da ich in diesen Jahren die
Gelegenheit hatte, eine Vielzahl von Situationen zu beobachten und
vielen Stimmen zuzuhören, Stimmen von Frauen, die den Mut hatten, über sich selbst zu sprechen.

Als emanzipierte Italienerin, zu jung jedoch, um an den großen
feministischen Eroberungen der 70er Jahre teilgenommen zu haben,
fand ich mich Anfang der 90er in einem quasi „stehengebliebenen"
Deutschland wieder. Meine Sprachlosigkeit war umso größer, da ich
aus einem Land komme, in dem die deutsche Frau bis heute als Beispiel weiblicher Emanzipation gilt. Noch dazu stamme ich von der
Adria-Küste, wo die einzige Vorstellung von einer Deutschen das von
Fellini geprägte, fast zum Mythos gewordene Bild der sexuell ent-
hemmten Touristin ist, die im Sommer von den einheimischen Männern regelrecht gejagt wird. Diese beiden Vorurteile, oder besser
gesagt, diese beiden Klischees, gestalteten meinen „Aufprall" auf
Deutschland (es war in der Tat ein regelrechter Aufprall), extrem
problematisch. Nach meiner Ankunft in Deutschland benötigte ich
mehrere Monate um zu begreifen, dass die wirklich emanzipierten
Frauen wir, die Italienerinnen, waren, natürlich ohne sich dieser
Tatsache bewusst zu sein.

Der Wunsch, das Leben und das Werk von Iris von Roten aus
Sicht der in Italien entwickelten Theorie der Geschlechterdifferenz zu

betrachten, entstand bei einer langen Forschungsarbeit, angeregt durch die Auseinandersetzung mit zahlreichen Texten zu diesem Thema.

Die Autorin Iris von Roten veröffentlichte in den 50er Jahren ihr epochales Werk *Frauen im Laufgitter*, das in der ruhigen Schweiz erdbebenartige Tumulte verursachte. Das Buch wurde damals, nach der zweiten Auflage, sofort vom schweizer Markt gezogen und geriet in Vergessenheit, bis es in den 90er Jahren dank einer mutigen Wiederauflage ein triumphales Comeback in den deutschsprachigen Ländern erlebte. Im restlichen Europa konnte das Buch aufgrund der Sprachbarrieren sein enormes Potential bis heute leider nicht entfalten.

Mit diesem Werk möchte ich die Gedanken und den reichen Ideenfundus von Iris von Roten im Zusammenhang mit der italienischen „Teoria della differenza sessuale", der Theorie der Geschlechterdifferenz, die in den deutschsprachigen Ländern keine so hohe Bekanntheit wie in Italien genießt, den Leserinnen und Lesern näher bringen.

Die Theorie der Geschlechterdifferenz, die ich mir zu Eigen gemacht habe, ist der Leitfaden bei der Erforschung des Lebens und des Werks von Iris von Roten. Dabei habe ich insbesondere folgende Bereiche vertieft: die weibliche Genealogie, die materielle und symbolische Unabhängigkeit durch die Arbeit, die Freiheit durch die Handlung des Ausgehens von sich selbst, die Mutterschaft und die Mutterliebe sowie die Neugestaltung der häuslichen Arbeit.

Mir gefällt der Gedanke, dass Iris als Schweizerin auch geographisch ,in der Mitte', zwischen Italien und Deutschland, angesiedelt ist, den beiden Ländern, um die herum mein Leben stattfindet, in denen ich agiere und mich mitteile. Iris von Roten kann beiden Ländern als Bezugspunkt für neue Ideen und neue Ansichten dienen. Es wäre für beide Länder (und selbstverständlich auch für die Schweiz) von Bedeutung, und ich zitiere hier Luce Irigaray, „eine neue Ebene in der geschichtlichen Entwicklung der Beziehung zwischen den Geschlechtern zu erreichen, aber auch zwischen unterschiedlichen Rassen, Generationen und Traditionen".

Für Deutschland wäre es sehr hilfreich, die Ansätze von Iris von Roten zu kennen. Sie würden dazu beitragen, auf die Anliegen und Wünsche der Frauen mit größerer Offenheit und innerer Auseinandersetzungsbereitschaft zuzugehen.

Auch für Italien wäre es eine enorme Bereicherung zu erfahren, welches Gedankenpotential in der angrenzenden Schweiz so lange „auf Eis gelegt" und verborgen wurde.

Ideen sind per definitionem frei, und die Ideen von Iris von Roten sind nun zum geistigen Erbe der Menschheit geworden. Einer Menschheit, die aus Männern und Frauen besteht.

I.

Über Iris von Roten

Das Leben von Iris von Roten
in seinem Bezug auf bedeutende nationale
und internationale Ereignisse

Iris Meyer (1917-1990) wird in Basel als ältestes von drei Kindern von Johann Walter Meyer und Bertha Meyer-Huber geboren. Berthas Mutter, Iris' Großmutter, ist eine geborene Salis-Maienfeld, aus deren Familie bedeutende Wissenschaftlerinnen stammen und die ersten Schweizerinnen, die ein Medizin- und Jurastudium absolvieren.

Iris' Vater Johann Walter ist ein attraktiver Selfmademan, der nach mehrjähriger Arbeit in der Fabrik des Schwagers beschließt, sich als Holzimporteur selbstständig zu machen. Aufgrund der neuen beruflichen Tätigkeit des Vaters zieht Iris im Jahre 1923 zusammen mit den Eltern sowie dem Bruder Manfred und der Schwester Sylvia, die ein, bzw. vier Jahre nach ihr geboren werden, nach Stockholm. Die beiden Jahre, die sie in Schweden verbringt, gehören zu Iris' schönsten Kindheitserinnerungen.

Im Hinblick auf die historische Kulisse Europas jener Zeit sei daran erinnert, dass in jenen Jahren in Bezug auf das Frauenwahlrecht etwas in Bewegung gerät; in Deutschland, Großbritannien und Luxemburg erhalten die Frauen das Wahlrecht. In der Schweiz regen sich in verschiedenen Kantonen wiederholt Bestrebungen, das Frauenwahlrecht einzuführen, jedoch ohne Erfolg.

Wir befinden uns im Jahr 1923, und genau in diesem Jahr wird im Deutschen Reich „Der Muttertag" eingeführt, der im Volksbewusstsein immer noch ein großer Feiertag ist, im Gegensatz zum 8. März, dem internationalen Frauentag, der als Tag von historischer und internationaler Bedeutung bis heute nur ganz wenigen in Deutschland bekannt ist. Später, 1945, wird die 28-jährige Iris von Roten alleinverantwortliche Redakteurin des „Schweizer Frauenblattes" als Reaktion auf die Hypokrisie des Staates, der sich pathetisch einmal pro Jahr an die Frauen erinnert, schreiben:

[...] 365 Muttertage soll das Jahr zählen. [...] Ein Volk, das die Mutter seiner Kinder als minderen Rechts erklärt, erniedrigt sich selbst ... Ja vielleicht tut es damit noch mehr. Vielleicht ist ein Volk ohne die volle Mitwirkung seiner Frauen nicht nur erniedrigt, sondern noch nicht ganz sich selbst. Es fehlt ihm der unerschütterlichste Teil seines Selbstbewusstseins im edelsten Sinne. Darum hoffen wir, dass man der mütterlichen Kräfte bald nicht nur an einem besonderen Tag, sondern an allen Tagen des Jahres eingedenk sein wird und sie mit der politischen Gleichberechtigung der Frau deutlich zu würdigen wissen wird anstatt „durch die Blume" am Muttertag undeutlich gering.[1]

Das Wirken des Vaters als freier Unternehmer in Schweden dauert nur zwei Jahre, und 1925 kehrt Iris' Familie nach Basel zurück. Zwei Jahre später zieht sie von dort nach Zollikon in der Nähe von Zürich, wo der Vater als Geschäftsführer arbeitet. Die Arbeit bringt ihm diesmal große persönliche Zufriedenheit. Alles entwickelt sich so gut, dass die Familie ein wunderschönes Haus mit Blick auf den Züricher See erbauen lässt. Finanziert wird der Hausbau jedoch mit den Mitteln der Huber-von-Salis, wie die Mutter später häufig betonen wird. Die Mutter ist aufgrund einer bedeutenden Erbschaft seit dem Alter von zwanzig finanziell unabhängig, und sie sieht es als eine ihrer wichtigsten Aufgaben, dieses persönliche Vermögen zu erhalten und zu verwalten.

1928 ist das Jahr, in dem in Bern zum ersten Mal die SAFFA ihre Pforten öffnet, eine Ausstellung über die Arbeit schweizer Frauen. Es handelt sich hierbei um eine Art Messe, die das Spektrum der weiblichen Arbeit in der Schweiz im weitesten Sinne des Wortes zeigt. Zu diesem Anlass erscheinen zahlreiche Publikationen über die verschiedenen Tätigkeitsbereiche der schweizer Frauen.

1929 stirbt die berühmte Schriftstellerin Meta von Salis, die erste promovierte Historikerin der Schweiz, eine große Vorkämpferin für die Gleichberechtigung der Frau in der Schweiz und mütterlicherseits mit Iris von Roten verwandt. Sie hat die Diskriminierung selbst erlebt und erlitten und schafft es mit einer seltenen Distanz und Präzision über das Thema zu sprechen, z.B. wenn sie das Mädcheninternat, in dem sie eine gewisse Zeit verbringen muss, als eine „Hausfrauen-Züchtigungs-Anstalt" bezeichnet.

Meta von Salis schreibt zahlreiche Artikel, einen Roman mit dem Titel *Die Schutzengel* sowie das Buch *Philosoph und Edelmensch* über Friedrich Nietzsche, mit dem sie eine tiefe Freundschaft verbindet. Das Buch erzielt einen beachtlichen Erfolg, und Meta spricht in verschiedenen Vorträgen über historische, literarische und natürlich feministische Themen. Nach einer gerichtlichen Auseinandersetzung, deren Hauptperson sie ist, wird sie zur Zahlung eines hohen Strafgeldes sowie zu acht Tagen Haft verurteilt. Diese Ereignisse werden die Einstellung zu ihrer Heimat und auch zum Kampf, den sie bisher für die Gleichberechtigung geführt hat, grundlegend verändern. Meta von Salis' Ausruf „Was gehen mich Dummheit und Lüge einer versumpften Demokratie an!", als sie die Schweiz verlässt, um zuerst in München und danach auf Capri zu leben, zeugt von einer tiefen Enttäuschung. Auf Capri ist Meta von Salis nicht alleine; mit ihr ist eine weitere berühmte Schweizerin, die profilierte Schriftstellerin Hedwig Kym, die durch eine unglaubliche Schicksalsverknüpfung ebenfalls mit der Genealogie Iris´ von Rotens verbunden ist. Hedwig Kym und Meta von Salis leben auf Capri zusammen als „Femmes de Lettres" in der Villa Helios in einer ganz besonderen Beziehung. Im letzten Abschnitt ihres Lebens ziehen die beiden nach Basel, in das Haus am Heuberg 12, das der Familie des Ehemannes von Iris von Roten gehört und in dem Iris und ihr Ehemann viele Jahre mit ihrer Tochter Hortensia leben werden.

Es ist nur natürlich, dass das Haus in Basel, am Heuberg 12, für Iris zu einem Symbol für Raum wird, dem Ort, den sie ganz für sich alleine hat, an dem sie denken und schreiben kann, genauso wie es die berühmten Hausbewohnerinnen vor ihr getan haben.

Zusammen mit Hortensia Gugelberg von Moos, einer Schriftstellerin und Ärztin, die in der zweiten Hälfte des siebzehnten Jahrhunderts lebte und einem Zweig der Familie von Salis-Maienfeld entstammte, bilden Meta von Salis und Hedwig Kym den reichhaltigen genealogischen Hintergrund, in dem Iris von Roten zahlreiche symbolische Bezüge findet und sie als unersetzliche Quelle persönlicher Kraft, geistiger Originalität, sozialer Sicherheit, ja persönlichen Reichtums betrachten kann.

Erwähnenswert aus der Zeit, in der Iris die Höhere Töchterschule in Zürich besucht, ist die gute Beziehung, die sich zwischen ihr und ihrem Onkel Adolf Guggenbühl entwickelt, bei dem sie häufig übernachtet, wenn sie abends nicht nach Rapperswil zu den Eltern zurückfahren möchte. Die Schule empfindet Iris als eingeschränkt und einschränkend zugleich, starr auf ihren didaktischen Programmen pochend, ohne auf die Interessen der Schüler einzugehen, die ihrer Meinung nach nicht gefördert, sondern vielmehr gemaßregelt werden. In dieser Zeit entsteht ihre große Leidenschaft für Kunstgeschichte, die die brennend interessierte Jugendliche dazu bringen wird, alleine oder zusammen mit dem Onkel Ausstellungen, Kirchen und Abteien zu besuchen. Hier beginnt sie ihren starken Sinn für alles Ästhetische zu schärfen und zu schulen.

Bereits während ihres Studiums beginnt sie für die Zeitung Schweizer Spiegel zu arbeiten, deren Inhaber zwei ihrer Onkel sind. Als Kolumnistin schreibt sie für die Rubrik Lifestyle und beweist Erfahrung und Weltkenntnis. Faszinierend daran ist die Tatsache, dass sie ihre Artikel nicht mit ihrem richtigen Namen Iris Meyer unterschreibt, sondern das sehr effektvolle Pseudonym „Marie Töndury" verwendet, bei dem die Leser niemals erraten würden, dass sich hinter diesen Artikeln, diesen Ratschlägen und dieser Schreibweise ein ganz junges Mädchen mit so viel Sinn für Ästhetik, soviel Kreativität und Phantasie verbirgt.

Wenn ich über das Verwenden von Pseudonymen nachdenke, fällt mir auf, dass es, abgesehen von einigen berühmten Ausnahmen, vorwiegend Frauen sind, die ein Pseudonym verwenden, vor allem seit dem neunzehnten Jahrhundert. Es gibt natürlich zahlreiche Gründe, die zu dieser Entscheidung führen, doch ich stimme mit Carolyn G. Heilbrun überein, die schreibt: „der Hauptgrund dafür ist, dass die Schriftstellerin somit mehr oder weniger bewusst ein Alter Ego schafft während sie schreibt und eine andere Möglichkeit für das weibliche Schicksal schafft".[2]

Es geht darum, „sich nicht anpassen zu können" (kein Leser hätte sie ernst genommen, hätte Iris ihr wahres Alter enthüllt), und auch teilweise darum, sich ein Stück Raum in der Öffentlichkeit zu erkämpfen, in dem sie sie selbst sein und sich ausdrücken kann.

Im Gegensatz zu dem, was von ihr erwartet wurde, schreibt sich Iris im Jahre 1936 nicht an der Fakultät für Germanistik und Kunstgeschichte ein, sondern an der juristischen Fakultät in Bern, dem Gedanken folgend, dass ihr dieses Studium konkrete Arbeitsmöglichkeiten und vor allem die gleichen gesellschaftlichen Vorteile, Privilegien und Anerkennungen wie den Männern bieten wird. Im gleichen Jahr, in dem sie sich an der juristischen Fakultät in Bern einschreibt, verhängt Hitler im benachbarten Dritten Reich ein Arbeitsverbot über weibliche Rechtsanwälte. Iris studiert in Bern, Genf und Zürich, und promoviert 1941 in Zürich mit Auszeichnung (magna cum laude). Es folgen Jahre journalistischer Arbeit, zuerst in Luzern, wo sie für die Zeitschrift Heim und Leben schreibt und die Möglichkeit hat, ihre herausragenden Qualitäten als Autorin unter Beweis zu stellen, aber auch zwangsläufig mit der Gesellschaft der 40er Jahre zusammenstößt, die eine so hohe Effizienz, Kompetenz und Savoir-faire einer Frau nicht zuerkennen will und, kurz gesagt, emanzipierte Frauen einfach ablehnt. Sofort nach ihrem Umzug nach Zürich, dem ein Arbeitswechsel vorausgegangen war, verbreiten all ihre ehemaligen Arbeitskollegen die abscheulichsten Geschichten über ihre Person, die modernstem Mobbing entsprungen zu sein scheinen. Das Ganze ist darüber hinaus auch noch vollkommen sinnlos, da Iris ja längst den Arbeitsplatz gewechselt hat. In Zürich arbeitet sie von 1943 bis 1945 als alleinverantwortliche Redakteurin des Schweizer Frauenblattes. In diesen Jahren ist es für sie als Frau in solch einer Position extrem wichtig, jede weibliche Wortmeldung festzuhalten, jeden weiblichen Gedanken, jede Überlegung, jeden Kurztext, Artikel, jedes literarische Werk einer Frau, alles, was bis zu dem Zeitpunkt in der Schweiz entstanden ist. Sie weist darauf hin, wie bedeutend es für sie und für alle Frauen ist, auf einen Gesamtkatalog zurückgreifen zu können, in dem die gesamte weibliche Produktion systematisch zusammengetragen wurde, denn, um Iris' eigene Worte zu benutzen, „damit die Gedanken ihre Wirkung haben, genüge es nicht, dass sie ausgesprochen und geschrieben werden. Nein, sie müssen auch gehört und gelesen werden".[3]

Iris erfährt, dass ein Katalog existiert, der im Jahre 1928 anlässlich der ersten SAFFA, der Schweizerischen Ausstellung der Frauenarbeit, zusammengetragen, jedoch zwischen 1928 und 1941 nicht mehr aktualisiert wurde, als ob dieser Zeitraum ein Vakuum gewesen wäre, in dem kein weiblicher Gedanke, kein Schriftstück, Werk oder Veröffentlichung entstanden. Das Traurigste, was Iris feststellen muss, ist jedoch die Tatsache, dass die Schweiz keinerlei Interesse an dem geistigen und kulturellen Erbe der Frauen zeigt.

Als Hauptredakteurin schreibt Iris zahlreiche Artikel darüber, welche Bedeutung die Ausbildung für die Frauen hat, die Möglichkeit, den eigenen Beruf frei auszuwählen, und wie wichtig es für schweizer Frauen ist, ihr unantastbares Wahlrecht einzufordern. Die unterschiedlichen Themen, die in den Artikeln behandelt werden, bestechen auch heute noch, nach mehr als einem halben Jahrhundert, durch ihre Aktualität. Das gilt insbesondere für die quälend lange Geschichte bezüglich des Wahlrechts, ein Thema, bei dem die Schweiz leider als trauriges Beispiel herausragt. Die Tatsache, dass die Schweiz als neutrales Land die Tragödie des Zweiten Weltkrieges nur am Rande miterlebt, darf uns nicht vergessen lassen, wie das restliche Europa leidet; es sind die Jahre, in denen im benachbarten Deutschland Menschen massenweise in Konzentrationslager deportiert und ermordet werden, wie auch die 15jährige Anne Frank, die im KZ von Bergen Belsen stirbt, oder Edith Stein und ihre Schwester, um nur einige weibliche Opfer zu nennen neben vielen anderen, deren Namen wir nicht kennen und niemals kennen werden.

Während ihres Jurastudiums in Bern lernt Iris Peter von Roten kennen, einen jungen Mann katholischen Glaubens, der 1916 in Raron im Kanton Wallis als jüngster von sechs Kindern geboren wird. Seine Eltern sind Heinrich von Roten und Maria Feigenwinter, die nur wenige Monate nach Peters Geburt stirbt. Maria Feigenwinter entstammt einer berühmten Juristenfamilie aus Basel. Das berühmteste Familienmitglied ist der Jurist Ernst Feigenwinter, der in zweiter Ehe Hedwig Kym heiratet. Diese Schriftstellerin, die, wie bereits erwähnt, jahrelang mit Meta von Salis zusammenlebte, richtet nach dem Tod ihres Ehemannes der Freundin Meta im obersten Stock des Hauses Am Heuberg 12 in Basel eine Wohnung ein. Während ihrer Studienzeit unterhalten Iris und Peter einen regen Briefwechsel. Die beiden Themen, die bereits zum damaligen Zeitpunkt in ihrem Austausch dominieren und sie auch ihr Leben lang begleiten und bezeichnen werden, sind für sie der Feminismus und für ihn der Katholizismus. Im Jahre 1945 beschließen die beiden jungen Leute, sich zu verloben. Das Jahr ihrer Verlobung wird geprägt von einem bedeutenden und zugleich für ihre Beziehung belastenden Ereignis: Iris bereitet sich auf ihre Abschlussprüfung vor, um den Beruf der Rechtsanwältin ausüben zu können – ein aus vielerlei Gründen nahezu unmögliches Unterfangen. Es ist für sie eine Zeit großer Ungewissheiten, nicht nur im Hinblick auf die enorme juristische Kenntnis, die sie unter Beweis stellen muss, sondern auch vor allem im Hinblick auf die Hoffnungslosigkeit in einer für sie schon von vornherein klaren Situation, die sie wie folgt beschreibt: „Ich bin so demoralisiert, ich sage mir ständig, dass diese Arbeit doch keinen Sinn hat, weil man die Frauen in allen interessanten Berufen zurückdrängt".[4] Iris besteht die Prüfung, doch der mündliche Teil gerät aufgrund des frauenfeindlich eingestellten Prüfers zu einer psychischen Tortur, die sie zu den schlimmsten Erlebnissen ihres Lebens zählen wird.

1946 beschließen Iris Meyer und Peter von Roten zu heiraten. Beide sind Juristen, die ihre Promotion mit Auszeichnung bestanden haben – er erklärter, praktizierender Katholik und sie Agnostikerin und erklärte Feministin. Dieser Kontrast ist wirklich bezeichnend, insbesondere, wenn man berücksichtigt, dass die beiden in der Schweiz der 40er und 50er Jahre leben. Von dem Augenblick an, in dem Peter von Roten beschließt, Seite an Seite mit einer Frau wie Iris durchs Leben zu gehen, zeigt er ein tief greifendes Verständnis und eine Offenheit nicht nur für die Anliegen, sondern auch für die Wünsche der weiblichen Welt. Mehr noch, Peter von Roten macht immer häufiger die Erfahrung, dem Bild, das die patriarchalische Gesellschaft der damaligen Helvetischen Konföderation von einem Mann hat und den Erwartungen, die sie an ihn stellt, nicht zu entsprechen.

Die beiden Eheleute arbeiten in derselben Rechtsanwaltspraxis. Für Iris ist diese Zeit beruflich gesehen nicht sehr zufrieden stellend, da sie häufig Situationen erleiden muss, die von einer tiefen Ignoranz und Diskriminierung geprägt sind: die Kunden möchten häufig nur mit Herrn von Roten sprechen und erkennen Iris' Qualifikation überhaupt nicht an, und zwar aus dem einfachen Grunde, weil sie es sich nicht im Entferntesten vorstellen können, dass eine Frau von Beruf Rechtsanwältin sein kann.

In jenem Jahr 1946 wird in der Schweiz der dritte Schweizerische Kongress für die Interessen der Frauen organisiert. Es sind die Jahre, in denen Iris beginnt, aktiv für die Einführung des Frauenwahlrechts in der Schweiz zu kämpfen und die Situation der Frau in der Gesellschaft detailliert zu untersuchen und zu analysieren. Im fernen Japan, einem sehr traditionellen Land, kündigt Kaiser Hirohito einen gesellschaftlichen Wechsel hin zu einer neuen Demokratie an, in der die Frauen die gleichen Rechte wie die Männer genießen, und somit auch das Wahlrecht erhalten sollen. Während eines Aufenthaltes von Iris von Roten in Großbritannien im Jahre 1947 wird die Idee geboren, die Arbeit an einem Buch über die Stellung der Frau zu beginnen.

Interessanterweise nimmt sie die Arbeit an ihrem Werk bereits im Jahre 1947 auf, noch bevor im Jahre 1949 das berühmte Buch *Das zweite Geschlecht* von Simone de Beauvoir erscheint. Wegen seiner enormen Tragweite stellt Beauvoirs Werk einen historischen Meilenstein für die Emanzipation der Frau in den ersten Nachkriegsjahren dar.

Zwei Jahre nach ihrer Heirat beschließt Iris, eine Reise in die Vereinigten Staaten zu unternehmen, um sich über den dortigen Arbeitsmarkt zu informieren, für den Fall, dass sie und Peter in die USA ziehen. Zu einem Umzug kommt es nicht, doch Iris trägt von dieser Reise eine enorme Fülle an Material zusammen, das ihr beim Verfassen ihres Werkes *Frauen im Laufgitter* hilfreich sein wird. Während ihres Aufenthaltes in den Vereinigten Staaten hat Iris die Möglichkeit, Fragen auf den Grund zu gehen, die für sie von großem Interesse sind, und sich über die wahre Situation der Frau zu informieren. So besucht sie im Jahre 1948 verschiedene Universitäten, Intellektuellenzirkel und zum damaligen Zeitpunkt in den USA bereits existierende Frauenbibliotheken. In dieser Zeit des Getrenntseins unterhalten die Eheleute einen außergewöhnlich regen und interessanten Briefwechsel. Räumlich weit voneinander entfernt, aber immer ehrlich zueinander, sprechen sie offen auch über ihre jeweiligen Kontakte und Beziehungen zu anderen Männern bzw. Frauen.

Für Iris war die Doppelmoral immer unerträglich, und sie ist seit jeher eine Befürworterin der „freien Liebe". Peter, katholisch, jedoch vom Moralkodex der katholischen Kirche losgelöst, unterhält in dieser Zeit Kontakte zu verschiedenen Frauen. In seinen Briefen schreibt er Iris offen über sein Privatleben und vernachlässigt Berichte über seine politischen Erfolge sowie über das belastende politische Umfeld zwischen runden Tischen und Parteiversammlungen. Offenheit, Klarheit, Wahrheitsliebe und gegenseitige Loyalität – das sind die Eckpunkte ihrer Vereinbarung. Ihre Beziehung ist so stark, dass jede nebenher laufende Affäre in der Tat nur von nebensächlicher Bedeutung sein kann. Iris, die bereits begonnen hat, ihr Buch *Frauen im Laufgitter* zu schreiben, schickt ihrem Ehemann regelmäßig ein Kapitel nach dem anderen, und bittet ihn, sie „wirklich kritisch" zu lesen, „sonst nützt es mir nichts".[5] Peter von Roten ist von Iris' Schreiben begeistert und spornt sie an, weiterzumachen.

1950 ziehen Iris und Peter nach Basel in das Haus Am Heuberg 12. Unter diesem Dach, unter dem eine so enorme Fülle an Ideen entstanden ist, arbeitet Iris an ihrem Buch und erhält ihre Post jahrelang an „Herrn Dr. Iris von Roten" adressiert.

Die Chancen für junge Akademiker und insbesondere für junge Akademikerinnen, einen ihren Qualifikationen entsprechenden Arbeitsplatz zu finden, sind in den ersten Nachkriegsjahren ausgesprochen gering. Iris sendet ihr Curriculum Vitae an diverse potentielle Arbeitgeber, jedoch ohne Erfolg. 1951 beschließt sie, als Leiterin der Werbeabteilung des Unternehmens Hanro zu arbeiten, einem Damenunterwäschehersteller. Es ist sicherlich nicht der ideale Arbeitsplatz für sie, doch sie hat dort zumindest die Möglichkeit, ihre Kreativität, Präzision und Originalität zum Ausdruck zu bringen. Die Texte, die neben den Photos gedruckt werden, sind immer ausgesprochen originell, niemals banal und lassen das feministische Wesen ihrer Autorin durchschimmern.

Ihr Ehemann Peter von Roten wird aufgrund seines vehementen politischen Einsatzes, der sich manchmal auch gegen die politische Linie seiner Katholisch-Konservativen Partei richtet – so z. B. wenn es um die Frage geht, die Einführung des Frauenwahlrechts zu unterstützen – als Nationalrat abgewählt. Iris verspürt angesichts dieser Tatsache ein Gefühl großer Hilflosigkeit, da dieses wichtige Sprachrohr feministischer Instanzen auf nationaler Ebene nun außer Kraft gesetzt wird. Auch noch in den folgenden Jahren wird jede erdenkliche Spitzfindigkeit als Vorwand benutzt, um die Frauen von den Wahlurnen fernzuhalten.

Am 23. April 1952 wird Iris' Tochter Hortensia geboren, so benannt nach ihrer Ahnin Hortensia Gugelberg von Moos (1650-1715), der Wissenschaftlerin und Feministin antelitteram, mit der Iris von Roten spirituell eng verbunden ist. Kurz nach der Geburt von Hortensia gönnt sich Iris eine Reise nach Italien und die Tochter besucht tagsüber eine Krippe. An und für sich nichts Ungewöhnliches, doch in der damaligen Schweiz ein Skandal. Auch im heutigen Deutschland würde solch eine Entscheidung kritisch betrachtet werden, man denke nur daran, dass die deutsche Sprache für eben solche Fälle den Begriff „Rabenmutter" parat hält.

1955 ereignet sich eine Episode, die aus Iris von Roten eine Berühmtheit wider Willen macht. Es ist Abend, Iris ist soeben mit dem Zug von Basel in Zürich angekommen. Sie trägt einen Ozelotmantel und begibt sich zu Fuß zu einer Verabredung im nahegelegenen Haus einer Freundin, als sie plötzlich von zwei Polizisten angehalten wird, die sie auffordern, ihre Dokumente vorzuzeigen. Iris versteht überhaupt nicht, was vor sich geht und antwortet, es sei nicht vorgeschrieben, seine Dokumente mit sich zu führen. Es kommt zu einem heftigen Wortgefecht, das sich quasi ad absurdum steigert, und Iris beantwortet die ihr gestellten Fragen, unter anderem auch die nach ihrem Beruf. Als sie erwidert, sie sei Journalistin und Rechtsanwältin, brechen die beiden in ungläubiges Gelächter aus und schleppen sie mit zur Polizeistation. Dort sind sie jedoch gezwungen, ihre Meinung schnell zu ändern, denn Dr. Iris von Roten ist wirklich Journalistin und Rechtsanwältin in Basel und nicht etwa eine „Trottoiramsel", eine Prostituierte, wie die Polizisten annehmen. Somit sind sie gezwungen, sie sofort freizulassen.

Als Reaktion auf diese entwürdigende Erfahrung schreibt Iris wenige Monate später in der Neuen Züricher Zeitung einen Artikel mit dem Titel „Bei Nacht auf Zürichs Straßen – Abenteuer einer Baslerin", in dem sie das Geschehene minutiös schildert und den Artikel mit der Schlussfolgerung beendet, dass das Frauenwahlrecht vielleicht unter anderem auch dazu dienen würde, solch unglücklichen Zwischenfällen ein Ende zu bereiten, mit denen die Freiheit der Frau als Bürgerin verletzt wird und auch ihr Recht, sich frei zu bewegen. Der Artikel löst eine wahre Lawine an Reaktionen aus und ist so etwas wie ein Vorgeschmack dessen, was drei Jahre später bei der Veröffentlichung des Buches *Frauen im Laufgitter* geschehen wird.

1956 erscheint in den deutschsprachigen Ländern das Buch *Kinder erwerbstätiger Mütter* des Soziologen Otto Speck, ein Werk, das, meiner Meinung nach, richtungweisend ist und einen verheerenden und langanhaltenden negativen Einfluss auf die Frauen im deutschsprachigen Raum ausübt. Man kann sagen, dass hier die Legende des so genannten „Schlüsselkindes" ihren Ursprung hat.

1958 findet zum zweiten Mal die SAFFA statt, die „Schweizerische Ausstellung für Frauenarbeit". Als Modus vivendi wird das Drei-Phasen-Lebensmodell „Berufstätigkeit – Mutterschaft – Wiederaufnahme der Berufstätigkeit" angepriesen. Die klare Botschaft, die an die weibliche Bevölkerung gerichtet wird, lautet, dass die berufliche Tätigkeit in keinerlei Weise mit der Mutterrolle konkurrieren darf.

Im September des gleichen Jahres, 1958, wird Iris von Rotens *Frauen im Laufgitter. Offene Worte zur Stellung* der Frau veröffentlicht und schlägt in der idyllischen Schweiz wie ein Blitz ein.

Es handelt sich dabei um ein epochales Werk von 564 Seiten, in einem radikalen Stil geschrieben, mit einer nie da gewesenen Offenheit und Tiefe, in einer neuartigen, sehr konkreten, extrem persönlichen und präzisen Sprache. Das Buch löst einen wahren Skandal aus, und alle distanzieren sich eiligst von der Autorin; dazu gehören nicht nur Männer – vor allem die aus der Politik, die sich der Tatsache bewusst sind, dass ihre Monopolstellung und ihre Macht von einer Frau in Frage gestellt werden –, sondern auch zahlreiche Frauen aus den Verlagen und dem Kulturbereich, Zeitungsredakteurinnen, Leiterinnen feministischer Organisationen und Verbände, selbst die Frauen, die die große SAFFA-Ausstellung organisiert haben und sich zum ersten Mal einem radikalen, neuen Werk stellen müssen, dessen Inhalt und Aussagen ihre eigene Gedankenwelt erschüttern und die Grundlagen des patriarchalischen Systems unterminieren.

Die am heftigsten kritisierten Kapitel sind nicht etwa diejenigen, in denen sie von der Bedeutung der Arbeit für die Frau und von der wirtschaftlichen Unabhängigkeit spricht, sondern diejenigen, in denen sie konkrete Vorschläge macht, die den Frauen bei der Hausarbeit und bei ihrer Mutterrolle helfen sollen. Auch die Teile des Buches, in denen Iris tiefgehende Reflexionen zu solchen Themen wie Ehe und Sexualität anstellt und betont, wie wichtig es für eine Frau ist, über ihre Sexualität selbst entscheiden zu können, werden vehement abgelehnt. Noch schärfere Kritik ernten jedoch die revolutionären Ideen über die „freie Liebe", die als ein Affront gegen die Monogamie gewertet werden – woraus der schwerwiegende Vorwurf der Förderung der Pornographie hergeleitet wird. Die Kapitel, die der Mutterschaft, der Mutterliebe und dem Schwangerschaftsabbruch gewidmet sind, werden völlig falsch interpretiert und förmlich verrissen. Trotz der scharfen und wiederkehrenden Angriffe von mehreren Seiten bleibt Iris von Roten vom Wert ihres Werks absolut überzeugt und fühlt sich zu keinerlei Erklärungen oder Rechtfertigungen gezwungen. Doch der Kritikhagel und die Anschuldigungen gegen ihr Werk und ihre Person werden immer vehementer, und die Worte „dégoutant" und „unappetitlich" sind nur die harmlosesten, die dabei verwendet werden.

Interessant zu bemerken ist dabei auch die fehlende Unterstützung seitens der Frauen, die aktiv in feministischen Gruppen mitwirkten. Sie hätten Iris von Roten unterstützen können, tun es jedoch nicht, da diese Unterstützung in ihren feministischen Kreisen auf Ablehnung gestoßen wäre, denn Iris ist zwar eine Feministin, aber keine typische. Sie ist ein junger und faszinierender Outsider, eine Freidenkerin, und das ist sowohl Frauen als auch Männern ein Dorn im Auge. Die Gründe für solch eine extreme Reaktion sind vielfältig. Verrissen wird das Buch vor allem wegen des Tons und der Sprache, die absolut revolutionär sind, und zwar nicht nur für die Schweiz, sondern für alle deutschsprachigen Länder, in denen eine solche linguistische Klarheit und Transparenz bis dato noch nicht üblich war, schon gar nicht von einer Frau. Was die Leserschaft schockiert, ist die extreme Offenheit und Direktheit, mit der die Autorin den Kern der Fragen anspricht. Was an und für sich ein Vorzug ist, wird nun jedoch als mangelnde Kompetenz gewertet: Der Druck der Leserschaft, der Massenmedien, der Institutionen; der schlechte Ruf der Autorin sind so stark, dass das Verlagshaus Hallwag beschließt, trotz der guten Verkaufszahlen die zweite Auflage des unbequemen Werks nicht zu drucken. Das Buch wird trotz Hunderten von Vorbestellungen erst im Februar des Folgejahres wiederaufgelegt, in einer Zeit, in der der berühmte Baseler Karneval stattfindet. In einer Sonderbeilage der Nationalzeitung zum Karneval wird Iris von Roten als Dompteuse präsentiert, die mit einer Peitsche in der Hand die Männer zur Hausarbeit zwingt. In der Umzugskolonne ziehen ganze Scharen von Männern mit, schnatternd und gackernd als Gänse verkleidet, jeder in seinem eigenen Laufgitter. Aufgrund der Berichterstattung in den Medien wundert es nicht, dass die zweite Auflage des Buches keinen reißenden Absatz findet. Für Iris, die die Herausgabe des Buches teilweise aus eigenen Mitteln finanziert, ein herber Verlust, doch mehr noch als die finanziellen Einbußen schmerzt sie die Erkenntnis, dass das Werk, dem sie zehn Jahre ihres Lebens gewidmet hat, so massiv und kleingeistig von Menschen verrissen wird, die es zum größten Teil selbst nicht einmal gelesen haben.

Am 1. Februar 1959 findet in der Schweiz ein denkwürdiges Ereignis statt: die männliche Bevölkerung wird zu den Urnen gerufen um für oder gegen die Einführung des Frauenwahlrechts abzustimmen. Die Abstimmung endet mit einer Ablehnung im Verhältnis 2:1, und dieser Tag geht als der „Schwarze Sonntag" in die Geschichte der Schweiz ein. In solch einem Klima voller Unsicherheit und falscher Informationen wird das Büchlein *Das Frauenstimmrechtsbrevier* veröffentlicht, in dem Iris die Einführung des Frauenwahlrechts befürwortet. Darin zitiert sie Art. 74 der schweizer Verfassung, in dem steht „... Stimm- und Wahlberechtigung aller Schweizer ist möglich", und argumentiert, das Wort „Schweizer" schließe die Frauen nicht aus. Der gesamte Kampf für die Einführung des Frauenwahlrechts in der Schweiz war ein Zank um die Interpretation dieses einen Wortes. Ein wirklicher, und ich füge hinzu, tragikomischer Paradox, wenn man bedenkt, welch neutral-patriarchalischen Charakter unsere Alltagssprache hatte und immer noch hat. Dieser Sprache zufolge steht in der Schweiz der 50er Jahre das Wort „Schweizer" für das Maskulinum und Femininum Plural und meint damit Männer und Frauen. Die schweizer Verfassung verwendet das Wort „Schweizer" ohne zwischen den beiden Formen des Maskulinum und Femininum Plural („Schweizer" und „Schweizerinnen") zu unterscheiden und meint somit beide Geschlechter, die folglich auch beide das Wahlrecht besitzen. Und doch war es nicht so! Es ist etwas Tragikomisches dabei, denn, nach dem Gesetz sind Männer und Frauen gemeint, jedoch wird in der Realität nach der momentanen Situation und insbesondere nach den Interessen des Systems im jeweiligen historischen Kontext geurteilt. Somit werden Frauen nicht als existierende Personen, als Bürgerinnen, anerkannt, sie sind folglich unsichtbar und werden undifferenziert als Untergruppe mit dem männlichen Geschlecht zusammengezogen, angefangen mit der Grammatik. Noch nie zuvor war die Sprache, über die wir sprechen, so plump, so mangelhaft und in ihrer Mangelhaftigkeit so ungewollt ehrlich, weil sie sich als das entpuppte, was sie wirklich ist – nämlich falsch! Das Büchlein, in dem die Autorin klar, konkret, präzise und mit der für sie bezeichnenden großen Kompetenz die Situation beschreibt, die von einer Fülle falscher Informationen geprägt ist, wird vom Publikum seltsamerweise sehr positiv aufgenommen.

Für Iris folgen nun schwere Jahre, in denen sie von Zeitungen und Verlagshäusern verstoßen und als Rechtsanwältin abgelehnt wird. Sie tritt nicht mehr öffentlich auf und meidet alle Interviews. Ihre Reaktion ist jedoch nicht etwa der Rückzug einer verletzten öffentlichen Person ins Privatleben, sondern eher der Wunsch, anderen Facetten und Interessen ihres Lebens nachzugehen und sie zu pflegen, wie z. B. ihre Liebe zu Entdeckungsreisen, zu denen sie alleine aufbricht, oder die Blumenmalerei.

Im Jahre 1960 erhält sie einen Vorschuss von dem Verlagshaus Ullstein und nutzt diese Finanzspritze für eine sechsmonatige Reise durch die Türkei, Syrien, den Libanon und Zypern, die sie alleine in ihrem Fiat 600 unternimmt, in der Absicht, ein Buch über die Türkei zu schreiben. Damit führt Iris die schöne schweizer Tradition fort, in der Frauen aktive Protagonistinnen sind, eine Tradition großer Frauen, die alleine auf Reisen aufbrechen, wie vor ihr schon Annemarie Schwarzenbach, Ella Maillart und Freya Stark. Bevor sie aufbricht, bringt sie ihre achtjährige Tochter Hortensia in ein Internat ins englische Suffolk, das sie nach langer und sorgfältiger Suche ausgewählt hat. Zahlreiche Personen verurteilen diesen Schritt und werfen Iris vor, sie hätte ihre Tochter nur wegen „ihrer eigenen Selbstverwirklichung an erstbester Stelle untergebracht". Iris bleibt wie immer unbeeindruckt von dem Gerede hinter ihrem Rücken und sendet Hortensia in regelmäßigen Abständen Briefe und Ansichtskarten, in denen sie ihr über ihre Reise berichtet.

Auf dieser Reise alleine durch den Mittleren Osten entsteht das Buch *Vom Bosporus zum Euphrat*, in dem Iris über Wirtschaft, Religion, Kultur und über die Situation der Frau in der Türkei der 60er Jahre berichtet. Mit viel Ironie und Humor erzählt Iris von der Verwunderung und dem Erstaunen, das ihr die Menschen entgegenbringen, wenn sie erfahren, dass sie ohne Begleitung unterwegs ist. Die häufigste Frage, die sie ihr dabei stellen, ist, wo er denn sei, ihr „husband, husband".

Aufgrund der herrschenden Vorurteile vergehen weitere drei Jahre, bis das Buch veröffentlicht wird, und auch das nur nach erheblichen Änderungen.

Wir schreiben das Jahr 1966, und im Kanton Basel-Stadt erhalten die ersten schweizer Frauen das Wahlrecht, während im fernen Indien eine Frau, die 48jährige Indira Gandhi, zur Ministerpräsidentin ernannt wird.

Im Jahre 1967 wird Iris von Roten 50 Jahre alt und zieht eine Bilanz ihres Lebens, denkt darüber nach, wieder aktiver am öffentlichen Leben teilzunehmen, doch hauptsächlich bereist sie alleine die Welt. Sie fühlt sich angezogen von schönen Dingen und hegt dieselbe

Liebe zum Schönen, die sie bereits als Kind in sich trug, von der Liebe zur Kunst im allgemeinen bis hin zur Liebe zum Leben. In dieser Phase ihres Lebens gilt ihre Hauptaufmerksamkeit und Faszination der Blumenwelt, deren Schönheit sie in Ölbildern festhält.

Über Europa bricht die Jugendrevolte herein; das Jahr 1968 bringt große Eroberungen mit sich, und auch in der bis dato so ruhigen Schweiz geraten mit der Gründung des FBB, der Frauenbefreiungsbewegung, die Dinge ins Rollen. In Bern demonstrieren Tausende von Frauen gegen den Bundesrat, der eine europäische Konvention für Menschenrechte unterzeichnen will, während in der Schweiz die Frauen noch nicht einmal das Wahlrecht haben – eine Situation, die, gelinde ausgedrückt, als paradox bezeichnet werden kann. Im Zuge der Ereignisse im übrigen Europa hat das Jahr 1968 scheinbar leichte Auswirkungen von Zivilcourage auch in die Schweiz gebracht. Es entstehen neue Bürgerinitiativen, die sich mit feministischen Inhalten beschäftigen, das Interesse der schweizer Bürger für dieses Thema wächst, neue Organisationen und Kommissionen werden gegründet, neue Gesetze erlassen.

Iris ist von all dem weit entfernt, und zwar nicht nur, weil sie zu der Zeit auf Reisen ist. Sie hat bereits zehn Jahre früher ihre Meinung über Frauen und Männer kundgetan, und hatte den Mut, ihre Gedanken zu veröffentlichen. Für Iris von Roten sind die 70er Jahre Reisejahre, jedoch vor allem auch eine Zeit, in der sie die Malerei wieder entdeckt, mit der sie sich bereits seit dem Ende der 40er Jahre beschäftigt. Symbolisch tauscht sie die Schreibfeder gegen den Pinsel ein, auch wenn die Gründe, die sie zur Malerei bringen, ganz andere sind als die, die sie zum Schreiben bewegten. Die Malerei ist diesmal „ausschließlich für den Hausgebrauch" bestimmt. Wieder einmal haben ihr angeborener Sinn für das Ästhetische und ihre Kreativität die Möglichkeit einer konkreten Ausdrucksform gefunden. Selbst kreiert sie immer neue Blumenarrangements für ihre Bilder und sucht nach besonderen Blumenarten. Sie verbringt ganze Tage in Gewächshäusern und Gärten und malt wunderschöne Blumen in leuchtenden Farben, vorzugsweise großformatige Ölbilder.

Ende der 70er Jahre erlebt Iris einen schweren Schicksalsschlag: Peter von Roten erleidet einen schrecklichen Verkehrsunfall und kämpft zwei lange Monate um sein Leben, bevor er auf den Weg der Genesung zurückkehrt.

Die 80er Jahre sind für die Frauen in Europa und in der ganzen Welt sehr bedeutende Jahre; im Vereinigten Königreich, in Finnland, Norwegen und den Philippinen stehen Frauen an der Spitze des Staates. Im Jahre 1984 gewährt sogar der Zwergstaat Lichtenstein, seit jeher eine Hochburg des Konservativismus, nach einem Referendum den Frauen das Wahlrecht.

Iris' letztes großes Treffen mit ihren geliebten Freunden war die Feierlichkeit zu ihrem 70. Geburtstag und dem 35. Geburtstag ihrer Tochter Hortensia im Jahre 1987. Mutter und Tochter feiern gemeinsam mit Freunden. Iris, die Feste schon immer geliebt hat, malt jede einzelne Einladungskarte selbst.

Im darauf folgenden Jahr erleidet Iris einen schweren Autounfall. Die Verletzungen, die sie an den Beinen davonträgt, heilen nicht so gut wie erhofft und beeinträchtigen ihr Gehvermögen erheblich. Im selben Jahr stirbt ganz überraschend ihre jüngere Schwester Sylvia, die als Dekorateurin in Frankreich arbeitet. Das ist ein schwerer Schlag für Iris, die sich von dem kurz davor erlittenen Schock aufgrund des Verkehrsunfalls noch nicht erholt hatte. Von diesem Augenblick an beginnt Iris über ihren eigenen Tod nachzudenken. Der Tod wird auch ein immer wiederkehrendes Thema bei den Abendessen und den Treffen mit Freunden. Über den Tod spricht Iris auch in Anwesenheit anderer Menschen mit großer Ruhe und Klarheit, ohne Tabus, und solche Gespräche treffen die anwesenden Gäste oft völlig unvorbereitet.

Am 11. September 1990, nach langer Vorbereitung und in vollkommener Ruhe, bei vollem Bewusstsein und mit außergewöhnlicher Sorgfalt in den Details, vollzieht Iris ihren letzten großen Akt der Selbstbestimmung: Sie sucht und findet den Tod in ihrem Haus in Basel. Ihrem Willen zufolge wird ihr Körper kremiert und die Asche nach Raron im Kanton Wallis, den Heimatort ihres Mannes, gebracht; dort, wo der alte Turm steht, in dem sie so oft saß und schrieb. In Raron wird ihre Asche nicht in der Familiengrabstätte bestattet, denn als Agnostikerin zieht Iris es vor, dass ihre Tochter und ihr Ehemann ihre Asche unweit des Turmes verstreuen, auf den Felsen Heidnieschbiel, der von einer wunderbaren Flora bedeckt ist.

1991, ein Jahr nach dem Tod von Iris, stirbt auch Peter von Roten. Die Beerdigung verläuft seinem ausdrücklichen Willen zufolge nach feierlichster katholischer Tradition. In der Kirche von Raron wird eine Messe in lateinischer Sprache zelebriert.

Neben einer enormen Fülle an Ideen und Schriftstücken hinterlassen uns Iris und Peter von Roten auch eine sehr wertvolle Person, ihre Tochter Hortensia, einen lebendigen Beweis für die Begegnung dieser beiden FreidenkerInnen.

Den Mut zur Wahrheit finden:
Frauen im Laufgitter.
Offene Worte zur Stellung der Frau

„Es scheint, dass wir den Willen, die Wahrheit zu sagen,
verloren haben. Wir sagen sie nicht den Kollegen, nicht
den Freundinnen, nicht den Schülerinnen, nicht den
Kindern. Wir sagen sie nicht mündlich, auch nicht
schriftlich und auch nicht im Scherz. Haben wir den
Willen oder die Fähigkeit dazu verloren?"
(Luisa Muraro)

Beginnen möchte ich meine Überlegungen mit dem Titel des ersten
Werks Iris' von Roten, *Frauen im Laufgitter. Offene Worte zur Stellung der Frau.* Bei einem Laufgitter handelt es sich um einen Laufstall
für Kinder, die noch nicht alleine gehen können. In diesem Kontext
und auch auf Frauen bezogen, scheint das Wort „Laufgitter" jedoch
einen multifunktionalen Gegenstand zu benennen, der eine Si-
cherheits- und Schutzfunktion erfüllt, gleichzeitig jedoch auch die
Kontrolle über die Bewegungen und den Aktionsradius ausübt. Die
Tatsache, dass die Autorin dieses Wort, das uns sofort an jenen wenig geliebten Gegenstand aus unserer Kindheit denken lässt – ich
kenne keine Frau, die an den Laufstall positive Erinnerungen
knüpft –, im Titel ihres Buches verwendet, zeigt mir, dass sie sehr
klar sieht, wie Frauen „in Schach gehalten werden". Im „Laufgitter"
sind sie zwar anwesend, jedoch eingezäunt, eingesperrt und ohne die
Möglichkeit, selbst an dem Geschehen draußen teilzunehmen. Mit
dem Ausdruck „in Schach gehalten werden" meine ich dieses Gefühl
der Isolation, auch in Bezug auf den Kontakt mit anderen Frauen,
dieses Gefühl, an den entscheidenden Dingen des Lebens nicht teilnehmen zu können.

Ich glaube, es kommt nicht oft vor, dass jemand unverblümt verkündet, „offene Worte" in Bezug auf ein Problem oder eine Situation aussprechen zu wollen. Diese „offene Worte" als Untertitel des Buches scheinen mir eine schöne und mit Absicht gewählte Aussage zu sein: der Wunsch, das Schweigen zu brechen, der Wunsch, mit Hilfe von „offenen Worten" die eigene Wahrheit zu verkünden. Mit ihrem Buch drückt Iris ihren Wunsch und gleichzeitig ihr Bedürfnis aus, „dass wir uns gegenseitig die Wahrheit sagen", um die Worte von Carolyn G. Heilbrun zu verwenden. Es geht darum, den Frauen einen Erinnerungsfundus über sich selbst zu geben und damit eine Identitätsquelle, auf die sie zurückgreifen können, um wieder zu sich selbst zu finden. Iris nennt deutlich die Gefahren, die sich vor allem für Frauen in einer männlich geprägten Kultur verbergen, und erklärt, aus welchem Beweggrund sie *Frauen im Laufgitter* geschrieben hat: „Ich wollte ein Fenster aufstoßen. Frische Luft sollte das dumpfe Gelass füllen in welches die Männerherrschaft die Frauen pferchte".

Ich frage mich, wie es möglich ist, dass es auf dieser „glücklichen Insel", die die Schweiz ja war, in einem Klima politischer Stabilität und des Wohlstandes, ohne große Nachkriegsprobleme, die zu lösen gewesen wären, nichts geschah, was die Frauen interessieren oder beschäftigen oder sie einfach dazu bringen konnte, sich zu manifestieren. Man könnte sagen: Je höher der Lebensstandard, desto weniger präsent sind die Frauen im gesellschaftlichen Leben. Deshalb ist es auch nicht überraschend, dass in der Schweiz parallel zu solch einem ausgeprägten Wohlstand für die Frauen ein stilles „Mittelalter" herrscht. Das scheint mir seit jeher die Grundlage der Schweiz gewesen zu sein.

Wie ruhig und stabil die Situation im Land in den 50er Jahren wirklich war und wie wenig sichtbar und vertreten die Frauen waren, darüber berichtet uns Iris und vergleicht dabei die Situation an den Universitäten der Schweiz und der Türkei, einem Land, das sie selbst gut kennen gelernt hat: „... zum Beispiel zählt die Türkei schon heute relativ mehr weibliche Studierende und Hochschuldozenten als die Schweiz", stellt sie dabei fest und findet diese Tatsache ziemlich befremdend angesichts des Lebensstandards, des durchschnittlichen Bildungsniveaus und der wirtschaftlichen Möglichkeiten, die in der Türkei den Besuch einer Universität und die Erlangung eines Universitätstitels sicherlich bedeutend schwieriger machen, als dies in der Schweiz der Fall war.

Dies ist jedoch eine in der modernen Geschichte der Menschheit ziemlich häufig vorkommende Situation, die sich systematisch immer dann einstellt, wenn es eine „Rückkehr zur Normalität" gibt, oder das politische Leben stagniert. In diesen Phasen des Stillstandes werden Frauen immer wieder an den Rand der Gesellschaft gedrängt, während in Notstandsituationen, wie z.b. in Kriegen ein, wie Luisa Muraro es nennt, tatkräftiger „weiblicher Protagonismus" zu beobachten ist. Was verbindet Reichtum, gesellschaftlichen Wohlstand und einen hohen Lebensstandard einerseits mit Rückständigkeit, Isolation, Unsichtbarkeit und weiblichem Unwohlsein andererseits?

Ich frage mich Folgendes: Was haben die Frauen, die zu Protagonistinnen geworden sind (häufig gegen ihren Willen und nur selten aus eigenen Stücken), wirklich „Besonderes" getan? Und auch hier finde ich die Antwort in der Geschichte. In dem Augenblick, in dem sie zu Protagonistinnen und damit für alle sichtbar geworden sind, haben sie entweder durch rebellische Gesten, durch heftige Zusammenstöße mit der Staatsmacht oder aber durch einen neuen und andersartigen Gebrauch der Sprache die althergebrachte Ordnung zum Einsturz gebracht. In diesem Letztgenannten, dem völlig andersartigen Gebrauch der Sprache, sehe ich den Grund, aus dem heraus Iris von Roten in der Schweiz eine so „verdammt berühmte" Protagonistin und Autorin geworden ist. Sie hat die Grenzen überschritten, indem sie in ihrem Buch Sprache auf eine völlig neue und andersartige Weise verwendet und dadurch das nicht Dargestellte, das Unsichtbare, das aber trotzdem vor aller Augen lag, deutlich machte. Wie konnten diese „offenen Worte" solch einen Hass entfesseln? Iris sagt dazu: „... die Masse will an gehätschelte Lügen glauben und hasst Leute, die sie entlarven ...", und weiter: „Nicht mit Trägheit und Gleichgültigkeit habe ich es bei der Masse zu tun gehabt, sondern mit einer entschiedenen Abneigung gegen die Wahrheit." Iris ist davon überzeugt, dass sich Menschen, die innerhalb einer gesellschaftlichen Ordnung leben, in einem System, das auf Regeln, Konventionen, seit Jahrhunderten eingebürgerten gesellschaftlichen Verhaltensregeln beruht, üblicherweise von Natur aus schwer damit tun oder vielleicht eine angeborene Abneigung haben, nach der Wahrheit zu trachten, und eine starke Ablehnung gegenüber den Personen an den Tag legen, die diese Wahrheit aussprechen möchten. Um die Wahrheit auszudrücken, wollte Iris eine eigene Sprache erfinden, die ihrem Bedürfnis nach Klarheit, Konkretheit und Direktheit entsprach, aber auch eine Sprache, die sie als Frau widerspiegelte, die ihre eigene Sicht- und Denkweise in Worte fasst. Ich glaube, dass neben der explosiven Mischung, die das Buch enthält – und die alleine schon ausreichen würde, um einen Skandal auszulösen –, gerade die ur-persönliche Art und Weise, in der Iris die Sprache verwendet, und für die es in der Schweiz bis dato keinen Präzedenzfall gibt, den Hauptgrund darstellt für den Schock, den die schweizer Gemüter „erleiden mussten".

Neben der Sprache gibt es noch einen anderen Aspekt, der entscheidend war für die Wirkung des Werks auf die Leserschaft, nämlich der „Ton", in dem das Werk verfasst wurde. Ausschlaggebend war hierbei die Tatsache, dass dieser schwere, direkte, sarkastische und passagenweise zornerfüllte Ton von einer Frau kommt, wo doch Frauen (in der Literaturgeschichte, aber auch im täglichen Leben) von diesem Mittel nur sehr selten Gebrauch gemacht haben, um sich Gehör zu verschaffen.

Das zuerst verbannte und dann in Vergessenheit geratene Buch kehrte im Jahre 1991, ein Jahr nach dem Tod seiner Verfasserin, zurück, machte erneut von sich reden und ließ Frauen über sich selbst und untereinander sprechen. Der Gedanke, der in Worte gefasst wird und sogar in schriftlicher Form erscheint, ist unzerstörbar. Er kann vielleicht eine gewisse Zeit unbeachtet bleiben, doch er bleibt trotzdem weiter bestehen. So dachte gewiss auch Iris, als sie schrieb: „Die Qualität des Buches bleibt jederzeit belegbar und auch verbreitbar, solange ein einziges Exemplar existiert. So ist es nun einmal nicht mehr aus der Welt zu schaffen. Es bleibt."

Die Auswirkungen des Buches in der Schweiz und die darauf folgende Tabula rasa

Nach einer Forschungs- und Schreibarbeit, der Iris von Roten zehn Jahre ihres Lebens gewidmet hat, veröffentlicht der Berner Hallwag Verlag im Sommer 1958 die erste Auflage des Buches *Frauen im Laufgitter. Offene Worte zur Stellung der Frau.* Vertrieben wird das Werk von einer privaten Buchhandlung, die innerhalb der SAFFA angesiedelt ist, der Schweizer Ausstellung für Frauenarbeit, einer Veranstaltung auf Bundesebene, deren Anliegen es ist, die Arbeit der Frauen bekannt zu machen und zu fördern. Diese Ausstellung wird von Frauen organisiert, die in diversen Organisationen aktiv sind und alle das amerikanische Ideal und Modell der „modernen Frau" unterstützen. Diese für die Veröffentlichung des Buches scheinbar günstige Plattform ist jedoch, wie es sich heraus stellen wird, alles andere als vorteilhaft. Ausgerechnet aus diesen feministischen Kreisen kommen nämlich die ersten Verrisse. Die von Iris erstellte präzise und tiefgehende Analyse des patriarchalischen Systems, auf dem die Gesellschaft aufgebaut ist, erscheint diesen Frauen als zu radikal und kann aufgrund ihrer Neuartigkeit von ihnen nicht verstanden werden. Diese Analyse verschont außerdem auch die Frauen nicht und bedroht automatisch auch jene fragilen Überzeugungen, die Iris als „Lebenslügen" bezeichnet und ohne die diese Frauen nur schwer ihren Platz im Leben finden können. Es ist für die Frauengemeinschaft ein Novum, dass eine so deutliche Position über die Situation der Frau in der Gesellschaft bezogen wird, und sie reagiert irritiert auf ein so engagiertes Auftreten seitens einer Frau.

Am 3. November 1958 erscheint in der Schweizer Illustrierten eine mit G.M. unterzeichnete Rezension, in der es heißt:

> Es ist seit Menschengedenken nicht vorgekommen, dass ein Werk aus der Feder einer schweizerischen Autorin schon gleich nach Erscheinen einen wahren Sturm gegensätzlicher Diskussionen ausgelöst hat. Im allgemein schreiben ja unsere Schriftstellerinnen ziemlich brav – andernfalls müssen sie damit rechnen, höchstens im Ausland beachtet zu werden. Aber Iris

von Roten ist es nun gelungen, mit ihrem Buch – Frauen im Laufgitter, Offene Worte zur Stellung der Frau – die eidgenössischen Gemüter von Anfang an zu erhitzen.[6]

Es stimmt in der Tat, dass so etwas bis dato in der Schweiz noch nicht vorgekommen war. Keine Frau vor Iris hat jemals solche Themen wie Frauenarbeit, Mutterschaft, freie Liebe, Schwangerschaftsabbruch, Ehe und Hausarbeit in ihrer Gesamtheit behandelt, sie miteinander verknüpft und sie von dem schweren Schleier von Tabu, Scheinheiligkeit und Falschheit befreit, die sie umgaben. Mit ihrem Buch wollte Iris „...ein Fenster aufstoßen. Frische Luft sollte das dumpfe Gelass füllen in welches die Männerherrschaft die Frauen pferchte". Doch 1958 verursacht die Veröffentlichung des Buches *Frauen im Laufgitter* einen solchen Sturm, eine derartige „Sauerstoffzufuhr", wie es die Schweiz vorher noch nie erlebt hatte. Die Frauen haben jedoch seit sehr langer Zeit nicht mehr die Möglichkeit gehabt, frei und tief durchzuatmen, um die positive Wirkung von so viel Sauerstoff zu erleben.

Bei den Männern schlägt das Buch wie eine Bombe ein. Noch vor Erscheinen des Buches verkünden die Verlagsmitarbeiter, nachdem sie zum ersten Mal mit dem Inhalt des Buches in Berührungen gekommen sind, ihren Protest und zeigen ihre ablehnende Haltung gegenüber der Veröffentlichung des Werks. Der Inhalt des Buches ist für die schweizer Männer, die überzeugten Hüter der patriarchalischen Ordnung, in der Tat eine hochexplosive Mischung. Sie zögern nicht, das Buch als „Pornobuch" und „Anleitung zum Männergenozid" zu bezeichnen. Es war für sie unerträglich, dass ausgerechnet von einer Frau und promovierten Juristin eine so peitschende Kritik und so direkte Angriffe gegen das schweizer Establishment gerichtet werden, das sich sein Bollwerk in der Institution Ehe, in der Mutterschaft als der „natürlichen Aufgabe der Frouh" und in der nach Geschlechtern bestimmten Arbeitsteilung innerhalb der Familie und in der Arbeitswelt geschaffen hat. Für die Männerwelt ist das Buch ein Affront, eine nie da gewesene Schmähung, so dass massive Gegenreaktionen nicht lange auf sich warten lassen. Jedes Mittel wird genutzt, um gegen die Autorin und ihr Werk zu agieren und sie in den Schmutz zu ziehen, so z.B. die Massenmedien oder der äußerst beliebte Baseler Karneval.

Es ist interessant zu bemerken, dass selbst unter denjenigen, die beruflich mit dem Buch zu tun haben (z.B. Journalisten, Literaturkritiker usw.), nur wenige von sich behaupten können, das anspruchsvolle, nahezu sechshundert Seiten lange Werk überhaupt gelesen zu haben. Sie verlassen sich lieber auf das „Hörensagen" und lassen sich bei ihrer Beurteilung des Werks von dem schlechten Ruf der Autorin beeinflussen, während ihnen das eigentliche Werk nahezu völlig unbekannt ist.

Die erste Auflage des Buches beträgt drei Tausend Exemplare, die innerhalb von elf Wochen vergriffen sind. In verschiedenen Buchhandlungen werden bereits Nachbestellungen angefordert, so dass schon bald eine Nachauflage ins Auge gefasst wird. Doch dann geschieht etwas ganz und gar Unübliches: trotz des enormen Interesses, das das Buch weckt (es sind vor allem die Bezeichnungen „pornographisch" und „skandalös", die paradoxerweise das gleiche Publikum anlocken, das dem Werk diese Bezeichnungen verleiht), und trotz der Tatsache, dass die Marktbedingungen günstig sind, da der Skandal die Verkaufszahlen in die Höhe treibt, beschließen die Buchhandlungen, das Werk auf Eis zu legen. Trotz der Nachfragen und Bestellungen seitens der Leserschaft geben die Buchhandlungen die Bestellungen nicht an den Verlag weiter, was einem Boykott gleichkommt. Das Verlagshaus Hallwag lässt seinerseits das „Skandalbuch wie eine heiße Kartoffel fallen".[7] Dieser Vorgang ist absolut ungewöhnlich, denn es kommt äußerst selten vor, dass die Männer gegen ihre eigenen finanziellen Interessen verstoßen und freiwillig auf die Möglichkeit hoher Gewinne verzichten.

Eine Redakteurin, die sich aktiv dafür eingesetzt hat, dass die Vorbereitung für die zweite Auflage des Buches beginnen kann, berichtet Iris über die untypische Situation wie folgt:

Zu sehen, wie das Buch von einzelnen Buchhandlungen kaltgestellt wird, ist bitter, aber hier ist auch der Verlag machtlos. Die Tatsache beweist nur einfach die Wirksamkeit der Herrschaft des Männerkollektives samt den ihm hörigen Frauen!... Um den Schiwago zu verkaufen, braucht man sich vor den Kollegen keine Blöße zu geben, im Gegenteil, man kämpft damit gegen die Brutalität der Sowjetherrschaft und brüstet sich. Das macht sich gut. Wer sich für Frauen im Laufgitter einsetzt, der hat für seine Eitelkeit allerhand blaue Flecken und Stöße zu gewärtigen; er möchte nicht derjenige sein, dem man vorwerfen kann, die eigene Herrschaft zu unterminieren, und überhaupt, es geht ja nur um Frauen ... Es braucht für einen Schweizer bedeutend weniger Mut, Antikommunist zu sein, als sich zur Wahrheit der Aussagen in Ihrem Buch zu bekennen. Da machen auch die Buchhändler als Geisteshüter keine Ausnahmen.[8]

Diese Äußerung ist meiner Meinung nach sehr treffend, denn es geht darum, jemandem Unterstützung zu gewähren oder aber zu entziehen, der die Wurzeln der männlichen Identität untergraben und die Männerherrschaft deutlich in Frage gestellt hat. Gegen diese Angriffe zu kämpfen, die das soziale System in seiner Grundlage attackieren, war wichtiger, als die materiellen Vorteile auszunutzen, die sich gleichzeitig ergaben. Nur so kann die Entscheidung erklärt werden, die Angelegenheit nicht finanziell auszuschlachten.

Es ist kein Zufall, dass in einem kapitalistischen Land wie der Schweiz, in dem die Ergebnisse einer tausendjährigen patriarchalischen Kultur so deutlich sichtbar sind, die Situation der Frauen im Vergleich zum übrigen Europa nur äußerst langsame Fortschritte gemacht hat, und es ist ebenfalls keine Überraschung, dass nach dem Wirbelsturm, den das Buch *Frauen im Laufgitter* verursacht hat, die Vertreter jener gesellschaftlichen Ordnung, die im Werk so offen kritisiert und in Frage gestellt wird, versuchen, „Tabula rasa" zu machen und alles, was bis dahin unausgesprochen und verschwiegen wurde und durch das Buch ans Licht gekommen ist, schonungslos zu beseitigen. Es stellt sich die Frage, welcher Zusammenhang besteht zwischen der Tatsache, dass die Schweiz ein reiches, kapitalistisches und pazifistisches Land ist, das das Elend und den Schrecken zweier Weltkriege nicht kennen gelernt hat, und der Tatsache, dass ausgerechnet dort, mehr als in jedem anderen Industrieland die Frau auf gesellschaftlicher Ebene völlig „unsichtbar" ist. Dass der Schweiz als neutralem Land die Schrecken der beiden Weltkriege erspart blieben, könnte als ein Vorteil gegenüber den Ländern angesehen werden, die durch die Kriege so viel verloren haben, vor allem Menschenleben, und die eine so enorme Energie aufwenden mussten, um das vom Krieg Zerstörte wieder aufzubauen. Trotz dieser günstigen Umstände bestand in der Schweiz jedoch keinerlei Interesse, die Anliegen der Frauen zu fördern. In der Schweiz hat die ununterbrochene Stabilitätsperiode (oder vielleicht eher die jahrhundertealte Unbeweglichkeit der politischen und wirtschaftlichen Strukturen) dazu geführt, dass sich eine ganz eigene gesellschaftliche Ordnung und ein spezifischer gesellschaftlicher Kodex herauskristallisiert haben. Hier steckt meiner Meinung nach der Grund für diese „Tabula rasa", für die Tatsache, dass in der Schweiz scheinbar jedes Mal und systematisch durchgegriffen wurde, wenn eine Frau versuchte, die Spuren einer weiblichen Kultur wiederherzustellen. Diese Kultur hatte es schwer zu bestehen, weil ihr keine Beachtung geschenkt wurde, weil sie nicht die Möglichkeit bekam, in Erscheinung zu treten, und sie nicht zu dieser Kultur zugelassen wurde, die sich „universell" nennt, in Wirklichkeit jedoch männlich ist.

In Anbetracht all dieser traurigen Ereignisse rund um die beiden Auflagen ihres Buches entfernt sich Iris, wie schon erwähnt, aus der Öffentlichkeit und auch von den feministischen Themen, da sie ihre eigene Wahrheit bereits in ihrem Werk dargestellt hat. So wird *Frauen im Laufgitter*, dieses Werk, das ein enormes Potential in sich birgt, jahrzehntelang auf Eis gelegt und in die Ecke gestellt. Erst nach dem Tod der Autorin erlebt das Buch seine „Auferstehung", genauso wie die Erinnerung an die Autorin, die nun, mit einem zeitlichen Abstand von ungefähr drei Jahrzehnten, wieder im Zentrum des Interesses steht. Diesmal ist es echtes Interesse, und die aus Frauen und Männern bestehende Leserschaft ist diesmal auch in der Lage, den wahren Wert und die Kraft ihrer Worte zu erkennen. Im Jahre 1991 führt das Buch monatelang die Liste der meistverkauften Bücher in der Schweiz an und wird danach im deutschsprachigen Raum veröffentlicht, wo es als eine wahre Entdeckung gilt.

Mit ihren Gedanken und ihrem Werk ist Iris mittlerweile zu einem Teil des kulturellen Erbes der Schweiz geworden und gehört somit zu jenen Persönlichkeiten der Geschichte der Menschheit, die zu ihren Lebzeiten verkannt und erst nach ihrem Tode verehrt werden. So ist ihr unverkennbares Gesicht heute sogar auf den Briefmarken mit der Inschrift Helvetia zu sehen.

Iris von Roten – eine Frau
aus einer anderen Welt?

„Wenn diese Welt nicht auseinander bricht,
dann verdanken wir das hauptsächlich
den Frauen aus einer anderen Welt"
(Luisa Muraro)

In der Einleitung ihres Buches *Frauen im Laufgitter* erklärt Iris von Roten den Grund, der sie veranlasst hat, das Buch zu schreiben: „Denn mir scheint, die Frauen hätten zu häufig gute Miete zum bösen Spiel gemacht, zu häufig Kränkendes überhört, das einfach zu deutlich gesagt worden war, um überhört werden zu können. Ich halte es für nötig, dem Missfallen Ausdruck zu geben ...", und fügt hinzu, dass die Kritik, die sie erhebt, gegen keinen bestimmten Mann gerichtet sei, sondern an den „Apparat der Männerherrschaft, der wie die meisten Herrschaftsapparate mit der Brutalität eines Mechanismus funktioniert und die Interessen seiner Herrschaft borniert und unverschämt verfolgt". Iris ist sich der Tatsache bewusst, dass die Frauen sich in dieser Gesellschaft unwohl fühlen, auch wenn dieses Unbehagen nicht offen gezeigt wird. (In den 50er Jahren war die Mehrheit der Frauen in der Schweiz „eingelullt" in den Zauber der häuslichen vier Wände und in den Mechanismus des männlichen Gesellschaftssystems.) Iris richtet sich an jene Frauen, die sich in diesem männlichen Gesellschaftsapparat fremd fühlen, an jene Frauen, die anders leben möchten und nach dem „Unmöglichen" trachten. Mit diesem Ausdruck verrät sie, dass sie die Natur des enormen und häufig nicht in Worte zu fassenden weiblichen Begehrens sehr gut kennt. Und wer sind denn die Frauen, die „dem Unmöglichen" eine Stimme verleihen und es in Worte fassen möchten, wenn nicht „Frauen aus einer anderen Welt?"[9]

Dieser Ausdruck erscheint mir wirklich sehr treffend, da er den Gedanken der „Entfremdung" sehr gut wiedergibt, der typisch ist für ein Lebewesen, das von einem anderen Planeten kommt und sich nun in einer „anderen" Welt zurechtfinden muss. Auf unseren Kontext übertragen, beschreibt dieser Ausdruck sehr genau das starke Gefühl der Entfremdung der Frauen, dessen Iris sich absolut im Klaren ist. Ebenfalls beschreibt er das Bestreben, den Widerspruch zu überwinden zwischen dem natürlichen weiblichen Begehren nach dem „Unmöglichen" und dem Zwang, in einem „begrenzten Horizont der männlichen Weltsicht"[10] leben zu müssen. Es erscheint natürlich, sich die Frage zu stellen, was denn diese Frauen tun können, die sich isoliert und in einen Horizont hineingezwängt fühlen, der nicht ihr eigener ist. Iris bietet folgende Antwort: „Sie wenden sich an andere, die mit dem Unmöglichen sympathisieren." Das bedeutet, aus der eigenen Isolation auszutreten, mit anderen Frauen, die von dem gleichen Wunsch bewegt werden, in Kontakt zu treten, Beziehungen von tiefliegender Bedeutung zwischen Frauen aufzubauen.

Mit Hilfe des von Luisa Muraro stammenden Ausdrucks „Frau von einer anderen Welt" möchte ich das Gespräch über Iris von Roten beginnen und gleichzeitig so etwas wie ein Profil einer Frau aus einer anderen Welt skizzieren. Aus der Geschichte wissen wir, dass es sehr bedeutende Frauen gab (die vor allem dann so genannt wurden, wenn sie dem Verhalten der Männer nacheiferten). Geschwiegen oder relativ wenig berichtet wird jedoch über die Frauen, die vermutlich noch verhaltener „alles getan haben, um das Negative zu verhindern", oder „die es sich erlaubt haben, all das zu tun, was noch niemandem in den Sinn gekommen ist, zu verbieten"[11], oder die das Negative mit Hilfe des geschriebenen Wortes bekämpft haben.

Es ist interessant festzustellen, wie diese Frauen immer aus einem Gefühl der Entfremdung heraus handeln, aus einem Gefühl, nicht in die herrschende Gesellschaftsordnung hineinzupassen. Doch aus ihrer nachteiligen Situation, in der sie „in Schach gehalten werden", entsteht in ihnen, so scheint es, „der Wille, zu gewinnen, zu existieren und in dieser Welt jemand zu sein".[12] Als Beispiel dafür möchte ich den Mut Iris von Rotens anführen, und zwar nicht nur deshalb, weil sie *Frauen im Laufgitter* in einer Zeit geschrieben hat, in der die Frauen in ihrem Lande schmerzlich unsichtbar waren, und weil sie „… frische Luft in das dumpfe Gelass hereinlassen wollte", sondern auch weil sie den Mut zu einer unkonventionellen Art zu schreiben hatte, einer neuen Ausdrucksweise und einer neuen Tonart. Gerade der Ton, in dem das Buch geschrieben ist, und der überhaupt nicht „ruhig und friedlich" ist, wie man das von einer Frau erwartet hätte, ist der Hauptgrund für die Verwirrung der Leserschaft. Deshalb stelle ich hier dieselbe Frage wie Brenda Silver, als sie zu der Reaktion der Leserschaft auf den Essay „Die drei Guineen" von Virginia Woolf bemerkt: „… welcher Ton wäre denn ‚angebracht' oder ‚natürlich' gewesen für eine Frau, die ein feministisches Plädoyer oder eine Kritik der Kultur ihrer Zeit verfasst?"[13] Und genauso wie Virginia Woolf, die von Luisa Muraro als eine „Frau aus einer anderen Welt" bezeichnet wird, mit ihrem Buch ihre antifaschistischen Freunde schockiert, so schockiert Iris von Roten ihre ruhigen und pazifistischen Landsleute mit ihrem Buch.

So wie ein Skandal quasi als obligatorische Etappe zum Leben einer „Frau aus einer anderen Welt" gehört, so sind Verachtung und Isolation nahezu zwangsläufig der Preis, den sie für ihre mutige Handlung und für ihre Lebenslust bezahlen muss. Iris hat in ihrem Leben häufig erfahren müssen, dass Menschen ihr Verachtung entgegenbrachten, vor allem dieses ignorante Publikum, das den Inhalt des Buches nur in groben Zügen kannte, sich bestätigt fühlte von der Unbeliebtheit der Autorin und somit seine Verachtung ihr als Frau und als menschlichem Wesen gegenüber auf vielerlei Arten zeigte.[14]

Die negativen Kritiken seitens der wenigen, die das Buch gelesen haben, kamen offiziell über die Medien: Rezensionen in Zeitschriften, Fernsehinterviews usw., und das beeinflusste die öffentliche Meinung nicht unerheblich. Der Höhepunkt dieser öffentlichen Verleumdungskampagne war meiner Meinung nach mit der Umzugskolonne und dem Maskenzug auf dem Baseler Karneval im Februar 1959 erreicht. Hier wurde eine Szene dargestellt, in der eine Gruppe von Männern, verkleidet als Frauen mit enormen Brüsten, in Laufställen marschierten. Dazu die persönliche Meinung von Iris über die hier beschriebenen Ereignisse:

[…] Die Feindschaft gegen das Verlagswerk begann schon beim Setzen. Entsetzte Setzer waren im Lektorat vorstellig geworden. […] Als dann endlich die zweite Auflage stattfand, fand auch die Basler Fastnacht statt. Ihre Schweinereien stellten sich zwischen Buch und gesamtes Publikum. Damit war der Zugang zu Frauen im Laufgitter auch psychologisch blockiert. […] Machtlust und Lebenslüge gehören zum empfindlichsten Bestand der Persönlichkeit. Wo nun, wie in meinem Buch, dieser kritisch hinterfragt wird, verlieren die Betroffenen das Gefühl der Verhältnismäßigkeit, reagieren blindwütig und mit den plumpsten Mitteln. Und da kamen nun die Basler Fastnächtler mit ihrer prinzipiellen und sozusagen abgesegneten Freude am Dreckeln wie gerufen, umso mehr als sich ihr Schmutz infolge der gierigen Medien bis in die Wohnstuben des hintersten Bergdörfchens ergoss.[15]

Ich schließe meine Überlegungen mit den Worten von Iris, die besser als jede andere die Beweggründe erklären kann, die sie dazu veranlasst haben, *Frauen im Laufgitter* zu schreiben, das Buch, dem die Schweiz viel verdankt: Weil sie „in dieser Gesellschaft, die nach den Wünschen der Männer und vom männlichen Wesen geformt ist"[16] den Mut hatte, wie nur wenige, dem weiblichen Begehren Ausdruck zu verleihen, und zwar so stark, dass sie von mir symbolisch den Titel „Frau aus einer anderen Welt" verliehen bekommt.

Verfasst ist das Buch für die weibliche Jugend, die das „Unmögliche" will, und für jene wenigen Männer, die soviel curiosité d'esprit besitzen, um sich dafür zu interessieren, wie die Männerherrschaft von der anderen Seite her aussieht. (von Roten 1992, 6)

II.

Die weibliche Generationenkette oder: die weibliche Genealogie

Das Konzept der weiblichen Generationenkette und die Namensfrage

> „Wir als Substanz der Mutter bezeichnet, häufig
> undeutlich, nahezu verdeckt vom Verbum der Männer,
> fehlt uns unser Subjekt, unser Substantiv und unser
> Verbum, unsere Prädikate: unser Grundsatz, unser
> Grundrhythmus, unsere morphologische Identität, un-
> sere generische Inkarnation, unsere Genealogie
> (Luce Irigaray)

Als fundierte Kennerin der Rechtswissenschaft widmet Iris von Roten in dem Buch *Frauen im Laufgitter* einen Teil des Kapitels über
die Mutterschaft einer Analyse über die „männerherrschaftliche
Regelung des Verhältnisses zwischen Mutter und Kind". In dem ihr
eigenen Stil nennt Iris die Dinge beim Namen und beschreibt die
Paradoxe, die Zwänge und die Willkür des Rechtssystems, um die
Gültigkeit eines Bürgerlichen Gesetzbuches in Frage zu stellen, das
hauptsächlich auf Männer zugeschnitten wurde, jedoch vorgibt,
universell zu sein und für Männer und Frauen gleichermaßen zu
gelten.

Die männerherrschaftliche Regelung setzt sich über diese wirkliche Einzigartigkeit des Mutter-Kind-Verhältnisses, nämlich als eines zwischen
Schöpfer und Geschöpf, hinweg und stellt die beiden, was die Verfügung
der Mutter über das Leben des Kindes betrifft, irgendwelchen Leuten
gleich. Damit entzieht es den Frauen ihre urtümlichste Machtsphäre. (von
Roten 1992, 377)

Iris ist sich der Tatsache bewusst, dass die patriarchalische Gesellschaft, um ihre Herrschaft zu errichten, eine „legitimierte" Zerstö-
rung der weiblichen Generationenkette betrieben und dabei mit der
ursprünglichsten aller Beziehungen begonnen hat, nämlich der zwischen Mutter und Kind, und erklärt „wie sehr die Frauen gerade in

ihrer spezifischen Bedeutung, in jener als Mutter, von der Männerherrschaft geplündert worden sind". Iris beabsichtigt damit nicht „Propaganda für matriarchalische Verhältnisse" zu machen, sondern möchte uns nur daran erinnern, wie sehr die Mutter-Kind-Beziehung von einem Kodex entstellt wird, der alles, und damit auch menschliche Beziehungen, auf reine Eigentumsfragen reduziert.

> Derartige rechtliche oder brauchtümliche Regelungen, die eine fundamentale Verdrängung der Mutter aus dem Schöpfer-Werk-Verhältnis zum Kinde durch den Vater voraussetzen, zeigen, wie tief die Entrechtung der Frau geht. In diese Tiefe reichen auch die Wurzeln der noch heute geltenden, wenn auch modifizierten Vorrechte des Vaters in bezug auf die Kinder, wie sie im Familienrecht zutage treten. (von Roten 1992, 378)

Im Anschluss zeigt Iris eine Alternative auf, eine weibliche Gesellschaftsordnung, die weder widersprüchlich noch gezwungen ist, sondern im Gegenteil sehr natürlich und auf konkreten Grundlagen basiert.

> Das ist kein Wunder, denn es gibt im Grunde ja nur ein einziges verwandtschaftliches Band: die Nabelschnur. Es verbindet Generationen, und es verbindet Frauen allein. Nur die Mütter haben in den Kindern wirklich ihr „eigen Fleisch und Blut" vor sich, haben das Abstammungsverhältnis durch den grundsätzlich für jedermann wahrnehmbaren Vorgang der Geburt ein für allemal bewiesen. Nur sie haben Grund genug, um mit den Kindern nach außen hin eine Einheit zu bilden. (von Roten 1992, 380)

> Dieses Bild von der Nabelschnur als „Kontinuum", das uns auf der einen Seite mit unserer Mutter und unseren Ahninnen und auf der anderen Seite mit unseren Töchtern verbindet, ist voller symbolischer Bedeutung. Es ist ein sehr körperliches und sehr konkretes Band, das niemand in Frage stellen kann.

Iris spricht in diesem Kontext von der „weiblichen Generationenkette", einer Kette, deren Teil wir selbst sind, einer Kette, die uns unauflöslich mit der Person verbindet, die uns zur Welt gebracht hat, unserer Mutter, und in Form einer weiblichen Generationenkette auch mit unseren Ahninnen. Daran hat Iris keinen Zweifel; wir sind miteinander verbunden und wir stammen zuerst einmal von der Mutter ab, nicht nur wegen dem berühmten Volksspruch, nach dem „Mater semper certa est", sondern auch deshalb, weil sie unsere „Conditio sine qua non" ist, und wir sie brauchen, um auf die Welt zu kommen. Mit ihr bilden wir eine Einheit, die nach außen hin auch nach dem Ereignis der Geburt und nach der körperlichen Trennung weiterhin besteht und sichtbar bleibt. Diese von Iris bereits damals so liebevoll als „weibliche Generationenkette" benannte Erscheinung entspricht voll und ganz dem Konzept der „weiblichen Genealogie" aus der Theorie der Geschlechterdifferenz.

Die Genealogie ist die Geschichte des Ursprungs, das Wissen, zum weiblichen Geschlecht dazuzugehören, um aus diesem Wissen und den gesammelten Erfahrungen, die dann weitergegeben werden können, die Basis für die individuelle Lebenspraxis zu bilden. Dies ist nur möglich, wenn die Frauen innerhalb dieser „matrilinealen Ordnung" einen Gegenpol zu der „Unordnung" finden, in die sie sofort nach der Geburt hineingeworfen werden. Diese wird noch komplexer, wenn die Frauen mit der Heirat aus ihrer eigenen Familie herausgerissen und in die Familie des Ehemannes „hineingeworfen" werden. Iris beschreibt diese Praxis folgendermaßen: „... die abgestammte Familie wirft die Frauen hinaus, wenn sie heiraten, und die neue nimmt sie nicht voll auf".

Die Geschichte der Frauen, die vor uns gelebt haben, unsere Mutter, Großmutter, Urgroßmutter und so weiter, aber auch andere Frauen, die wir in unserem Leben gekannt haben oder denen wir begegnet sind, die uns etwas bedeuten und uns beeinflussen, all diese Frauen bilden die weibliche Geschichte und die weibliche Genealogie.

Alle Frauen kennen in ihrer erweiterten Familie – Familie als die Gruppe von Personen, die wir lieben und die uns Liebe und Aufmerksamkeit schenken –, zumindest eine oder auch mehrere Frauen. Solch eine familiäre Umgebung, in der weder die Tochter noch die Frau auf die Liebe zur Mutter verzichten muss, sollen die Frauen anstreben, um ihre Identität zu erlangen und zu erhalten, um selbstsicher und stark zu werden.

Die Generationenkette ist vielleicht das wertvollste Stück, das wir mit uns durchs Leben tragen, denn sie ist nicht nur der Nachweis unserer Identität mit allen unseren wahren und erworbenen Namen und unserem Gesellschaftsstatus, sondern auch mit unserer ganzen langen Geschichte als Frauen. Iris fragt sich dazu: „Warum die Chimäre des patrilinealen Stammbaumes, wenn es doch nur eine einzige über alle Zweifel erhabene Herkunft gibt: diejenige aus dem Mutterleib?" Und bestätigt mit schlagkräftigen und verständlichen Argumenten:

> Folgt man dem Lebensfaden, so steht hinter der Mutter die Reihe der Mütter mütterlicherseits. Nur innerhalb der mütterlichen Ahnenkette geht sichtbar, greifbar, beweisbar ein menschliches Leben aus dem anderen hervor. Im Gegensatz zu den Männern pflanzen sich die Frauen wirklich fort. Sie sind nicht nur aus einem ganzen Menschen hervorgegangen, sondern lassen auch ihrerseits ganze Menschen aus sich hervorgehen. Es gibt eigentlich nur eine weibliche Generationenfolge, und deshalb können nur die Frauen eine Geschlechterfolge begründen. (von Roten 1992, 388-389)

Iris kommt zu folgendem Schluss: „Nicht die Männer, die Frauen bilden den Stamm." An dieser Stelle füge ich einige Überlegungen in Bezug auf den Namen ein und verwende dafür folgende provozierende Feststellung von Iris von Roten: „Der vaterrechtliche Stammbaum ist mehr ein frommer Wunsch als Wirklichkeit", wenn man bedenkt, „dass die Natur der Dinge es den Ehefrauen erlaubt, schon mit einem einzigen Seitensprung den patrilinealen Stammbäumen fremde Reiser aufzupfropfen".

Bei der Namensfrage bemerke ich eine große Übereinstimmung zwischen Iris von Roten und Carolyn Heilbrun. Beide betonen einen Aspekt, der mir bemerkenswert erscheint, nämlich die Verwirrung, die daraus entsteht, dass die Frau den Namen eines Mannes annimmt. Dieser Aspekt wird von Carolyn Heilbrun thematisiert, die ihn als einen „Merkmal der Sklaverei" ansieht. Sie kommentiert dazu: „Wenn man die zumindest statistische Möglichkeit zulässt, dass die Ehe mit einer Scheidung endet, kann der lebenslange Verzicht auf den eigenen Nachnamen für viel Verwirrung sorgen."[1] Die Verwirrung, von der Carolyn Heilbrun hier spricht, ist dieses Gefühl, nirgendwo in der Gesellschaft richtig dazu zu gehören, was Iris als „heimat- und namenlos sein" bezeichnet.

> Grundsätzlich heimat- und namenlos, treten sie als soziale Einheit mit den Kindern nicht direkt in Erscheinung, sondern nur über Namen und Bürgerrecht des Ehemannes. Übrigens erklärt diese Tatsache die Widerspruchslosigkeit, mit der die Frauen auf ihren abgestammten Namen zugunsten jenes des Ehemannes verzichtet haben. Ferner erhellt sie die scheinbar paradoxe Erscheinung, dass geschiedene Frauen so oft am Familiennamen eines verhassten Mannes festhalten. (von Roten 1992, 393)

Der Moment, in dem das väterliche Namensrecht in Kraft tritt, ist der Moment, in dem wir von unserem wahren Ursprung getrennt werden, von der Person, die uns zur Welt gebracht, ernährt und großgezogen hat. Von der Person, von der wir abstammen, bekommen wir nach der Geburt paradoxerweise gar nichts, da wir von einem anderen Stammbaum „einverleibt" und unter den „väterlichen Schutz" gestellt werden, der all das, was ihm gehört, benennt, so auch seine Ehefrau und seine Kinder. Iris sagt dazu:

> Im Prinzip fehlt den Frauen die rechtliche Grundlage, um sich in ihrer Heimat tief zu verwurzeln [...] Denn als Verheiratete sind sie bürgerrechtlich nicht diese oder jene, sondern gehören diesem oder jenem und damit da- oder dorthin [...] Da den Frauen unverrückbare Namens- und Heimatrechte grundsätzlich abgehen, fehlt der Boden für die Ausdehnung des mütterlichen Bürgerrechts und Familiennamens auf die Kinder als Norm. (von Roten 1992, 387)

Iris hat keinen Zweifel daran, dass die Vaterschaft eine „legal fiction" ist, wie Joyce seinen Dedalus im *Ulysses* sagen lässt. Sie fügt hinzu: „ in ihrer Essenz ist die Vaterschaft ein Name."

Wenn weiblicher Reichtum erblich ist. In der Generationenkette von Iris von Roten finden sich bedeutende Frauen: Meta von Salis-Marschlins, Hedwig Kym, Hortensia von Gugelberg

Wie leicht wäre das Schreiben,
wenn ich nicht mit meinem Blute schriebe."
(Meta von Salis)

Wer sind die bedeutenden Frauen in der Generationenkette von Iris von Roten, und weshalb konnten sie für Iris eine so unersetzbare Quelle persönlicher Stärke, geistiger Originalität und sozialer Sicherheit darstellen?

Die herausragenden weiblichen Persönlichkeiten, die den reichhaltigen genealogischen Hintergrund von Iris von Roten darstellen, sind nicht nur in ihrer eigenen Familie zu finden, sondern durch eine ganze Reihe unglaublicher familiärer Verflechtungen auch in der Familie ihres Ehemannes Peter von Roten.

Gehen wir jedoch der Reihe nach vor und versuchen wir, die Glieder dieser weiblichen Generationenkette zu verbinden, deren Ursprung auf die Mitte des 17. Jahrhundert zurückgeht.

Iris' Großmutter mütterlicherseits ist Wilhelmine von Salis-Maienfeld; sie entstammt einer Familie, in der sich in der Vergangenheit schon mehrere Frauen hervorgetan haben, weil sie es vermochten, sich frei auszudrücken und darüber hinaus ihr Leben als Protagonistinnen zu führen trotz der starken Beschränkungen, die ihnen von den gesellschaftlichen Konventionen ihrer Zeit auferlegt wurden. Zu dieser Familie gehört auch Margareta von Salis-Maienfeld, die Mutter von Meta von Salis-Marschlins, der berühmten Schriftstellerin und ersten promovierten Historikerin der Schweiz. Meta von Salis-Marschlins lebte von 1855 bis 1929. Diesem Zweig der Familie von Salis-Maienfeld entstammt auch Hortensia Gugelberg von Moos (1659-1715), Wissenschaftlerin, Schriftstellerin, Ärztin und last but not least schweizer Feministin antelitteram bereits des siebzehnten Jahrhunderts.

Leider sind von Hortensia Gugelberg keine Schriften erhalten, die uns über ihre Arbeit im Bereich der medizinischen Wissenschaften berichten könnten, und auch nichts von jenen Schriften, die sie als Feministin antelitteram gegen Ende des siebzehnten Jahrhundert verfasst hat. Hortensia ist bereits sehr früh verwitwet und bleibt nach dem Tod ihres Mannes in ihrem Zuhause, auf dem Schloss Maienfeld wohnen, wo sie als Ärztin arbeitet und dabei auf medizinische Kenntnisse zurückgreifen kann, die ihr mündlich und praktisch von ihrer Mutter und ihrer Großmutter übermittelt wurden. Dieses ist ein äußerst wichtiger Punkt: Das weibliche Wissen, das von der Mutter an die Tochter weitergegeben wird, bestimmt trotz der Hindernisse, die die offizielle Kultur auferlegt, die Geschichte.

Die Glieder der Generationenkette, die zu Iris von Roten führen, werden durch eine außergewöhnliche Lebensverflechtung zu einer anderen Frau miteinander verbunden, nämlich der Schriftstellerin Hedwig Kym. Zu ihr gelangen wir erneut über Meta von Salis, die uns auf wunderbare Weise aufzeigt, wie eine Frau ihr Leben im Zeichen weiblicher Freundschaften leben kann.

Meta von Salis-Marschlins ermöglichte sich im Alter von 28 Jahren unter großen finanziellen Schwierigkeiten, durch Erteilung von Privatstunden und durch das Verfassen von Artikeln für diverse Zeitungen ihr Universitätsstudium in Zürich. Sie besucht die Vorlesungen des Philosophen Ludwig Kym und lernt dabei seine Tochter Hedwig kennen, mit der sie eine intensive Beziehung aufbaut, die ein Leben lang andauern wird. Im Jahre 1910 heiratet Hedwig Kym den Juristen Ernst Feigenwinter, für den dies die zweite Ehe ist, und zieht nach der Hochzeit nach Basel. Ernst Feigenwinter ist der Vater von Maria Feigenwinter, der Mutter von Peter von Roten.

Meta von Salis und ihre Freundin Hedwig Kym leben zehn Jahre lang zusammen im Baseler Haus am Heuberg 12, dem Haus, in dem von 1952 an Iris und Peter und danach auch ihre Tochter Hortensia leben werden. Dieser doppelte Berührungs- und Austauschmoment zwischen den beiden Familien ist ein zentraler Aspekt ihrer Familiengeschichte. Die beiden jungen Leute begegnen sich zum ersten Mal Mitte der 40er Jahre und bringen beide ein beträchtliches genealogisches Erbe mit, das der Begegnung von Meta von Salis (aus der Familie von Iris) und Hedwig Kym (aus der Familie von Peter) entstammt.

Die großen weiblichen Figuren, die die Generationenkette von Iris von Roten bilden, nämlich Hortensia, Meta und Hedwig, sind alle drei auf verschiedene Arten große Vertreterinnen der weiblichen Freiheit auf jedem nur erdenklichen Gebiet des Lebens. Im Gegensatz zu Hortensia von Gugelberg ist über das Leben von Meta von Salis-Marschlins viel mehr bekannt, und zwar nicht nur, weil sie chronologisch gesehen Iris viel näher ist, sondern auch deshalb, weil ihre Werke und ihre Schriften von ihrer Freundin Berta Schleicher geordnet und überarbeitet wurden, um Metas Biographie zu schreiben. Das Leben Meta von Salis' war von so einzigartiger Originalität, dass über sie noch viel mehr berichtet werden könnte, doch ich werde nur einige Hauptpunkte erwähnen, die, meiner Meinung nach, ihre „Differenz" bezeugen: die Erinnerung an ihre Mutter, den Wunsch, ihr Leben in Freiheit zu leben, und die weibliche Freundschaften. Aufgewachsen in einem Schloss, in einer Familie, in der die klassische Rollenverteilung nicht ausgeprägter hätte sein können, somatisiert die kleine Meta die ganze Disharmonie und das Unwohlsein, die unglückliche Familiensituation, in der die Figur der Mutter unter der übergroßen Dominanz des Vaters förmlich erdrückt wird. Für den Vater ist alles Weibliche oder nur im Entferntesten Weibliche mangelhaft und minderwertig. Er möchte mit Frauen noch nicht einmal zusammenwohnen, so dass er beschließt, ein eigenes Stockwerk des Schlosses zu bewohnen, zu dem die Ehefrau und die Töchter keinen Zugang haben. Viel schlimmer ist jedoch die Tatsache, dass er der Ehefrau und den Töchtern den Zugang zur Lektüre verweigert, ihnen seine Bücher und der Ehefrau sogar die Zeitung vorenthält. Meta wächst in einem familiären Umfeld auf, in dem die weibliche Identität sofort nach der Geburt beiseite geschoben wird, eine Tatsache, die die kleine traurige Meta wie folgt beschreibt: „Mein erster Fehleintritt in der Welt bestand in dem Erscheinen in weiblicher Gestalt." Aus Metas Worten ist deutlich das Leid zu spüren, als Frau auf die Welt gekommen zu sein, ohne jeglichen Bezug zu ihrem eigenen, weiblichen Ursprung.

Die einzige, und damit auch die bedeutendste und schönste Erinnerung, die Meta an ihre Mutter hat, eine Frau, die völlig verloren in einem männlichen Universum scheint, ist der Augenblick, in dem sie sich ihr so nah fühlt, nämlich, immer wenn die Mutter ihr Märchen erzählt und sie zuhört. In ihrem Tagebuch beschreibt Meta diese Augenblicke als großes Glück und die schönsten ihrer gesamten Kindheit.

Das Wort vom Märchenglück rührt mich wie kein anderes bei den Erinnerungen an meine Kindheit, es fasst wohl mein einziges starkes Glücksempfinden in jedem Zeitraum in sich.[2]

Von der Mutter, so Meta, fühlt sie sich verstanden, weil sie ihren Wunsch nach dem Lernen und dem Wissen ernst nimmt. Ab und zu bekommt sie von ihr Bücher geschenkt, oder nach verrichteter Hausarbeit auch kleine Geldbeträge, die sie sofort für Bücher ausgibt. Dies wird später von dem Vater unterbunden, der der Mutter befiehlt, Meta so wenig Geld wie möglich zu geben, damit sie sich keine Bücher kaufen kann. Sie hegt den starken Wunsch in sich, ihr Leben weit weg von allen Zwängen und gesellschaftlichen Regeln zu leben, und besonders missfällt ihr der Umstand, dass Frauen die Bildung versagt wird. Im Alter von 19 Jahren verlässt Meta das Schloss und sucht sich eine Arbeitsstelle als Erzieherin in einer Familie. Sie unterrichtet die Kinder der Familie in den Grundfächern, aber auch in Französisch und Musik. Als Erzieherin wird sie Jahre später in Nordirland wieder in einer Familie arbeiten. Ihr großes Interesse für die Literatur teilt mit ihr die Mutter ihrer Gastfamilie, die Schriftstellerin Charlotte Stuart, mit der sie an den Winternachmittagen gemeinsam liest und über Texte deutscher und englischer Autoren diskutiert.

Mit 28 Jahren beschließt sie, sich an der Universität von Zürich einzuschreiben, einer der wenigen Universitäten, die den Frauen offen stehen, und studiert Geschichte, Philosophie, Kunstgeschichte und Jura. Sie beendet die Hochschulausbildung mit einer Dissertation über Agnes von Poitou, die sie mit Magnum cum laude abschließt. Damit wird sie zur ersten promovierten Historikerin der Schweiz.

Während des Studiums verdient sie ihren Lebensunterhalt, indem sie Artikel für diverse Zeitungen verfasst. Sie verwendet dabei das Pseudonym „M. Willow", genauso wie Iris 50 Jahre später ihre Artikel als „Marie Töndury" unterzeichnet, um ungestört schreiben zu können.

Im Leben Meta von Salis' sind die weiblichen Freundschaften mit Sicherheit das bedeutendste Element. Noch bevor sie Hedwig Kym kennen lernt, knüpft sie tiefe Freundschaftsbeziehungen mit verschiedenen Frauen. Die erste große Frauenfreundschaft verbindet sie mit Malwida von Meysenbug, durch die sie Theo Schücking kennen lernt, die Tochter des Schriftstellers Levin Schücking. Zwischen Meta und Theo entsteht eine tiefe emotionale und intellektuelle Verbundenheit. Ebenfalls durch Malwida von Meysenbug, die sie zu sich nach Rom einlädt, um dort den Winter zu verbringen, lernt sie Baroness Wöhrmann kennen, die sie als Erzieherin für ihre Tochter Dina engagieren möchte. In ihrem Haus lernt Meta auch die Mutter und die Schwester des Philosophen Nietzsche kennen, und danach auch ihn selbst. Mit ihm wird sie später eine lebhafte Korrespondenz führen. Doch die um ein vielfaches bedeutendere Begegnung ist die mehrfach erwähnte Begegnung mit Hedwig Kym.

Ihre Beziehung zueinander ist so komplex und vielschichtig, dass es verschiedene Möglichkeiten gäbe, sie zu beschreiben. Die schweizer Autorin Susanne Woodli, Verfasserin der berühmten Texte über die Frauen (und weit entfernte Verwandte von Meta von Salis, die sie in den zwanziger Jahren kennen lernte), bezeichnet diese Beziehung als „mindestens in geistigem Sinne lesbisch", während Bertha Schleicher, die Verfasserin der Biographie von Meta, es folgendermaßen ausdrückt: „... nicht nur eine innige Freundschaft, sondern ein(en) Bund zu gemeinsamer Lebensgestaltung, ein seelisches Zusammenwachsen seltenster Art ..." Sie lernen zusammen, lesen, reisen, und schreiben für die Frauenzeitschrift Die Philantropin, zusammen mit Caroline Ferner, einer weiteren herausragenden Vertreterin der Züricher Frauenszene, die in jener Zeit Opfer eines großen Justizskandals wird. Nach einer sehr turbulenten Zeit voller Auseinandersetzungen mit der Männerjustiz (nachdem sie öffentlich Stellung bezogen hat, um ihre Freundin Caroline Farner zu verteidigen) und acht Tagen im Gefängnis von Sankt Gallen, wo sie im Dunkeln eingesperrt wurde, um nicht lesen zu können, denkt Meta von Salis ernsthaft darüber nach, die Schweiz zu verlassen. Sie beschließt, ihr Vorhaben in die Tat umzusetzen, verkauft das Familienschloss und kauft sich einen neuen Wohnsitz auf Capri, die Villa Helios. Nach Capri zieht sie zusammen mit ihrer Freundin Hedwig Kym, und Capri wird zu ihrer neuen „Adoptivheimat". Die Jahre auf Capri sind die schönsten Jahre für beide Freundinnen, und Hedwig wird später immer Photos aus dieser Zeit bei sich tragen.

1910 beschließt Hedwig Kym, den Juristen Ernst Feigenwinter zu heiraten, den Großvater mütterlicherseits von Peter von Roten, der aus einer berühmten Baseler Juristenfamilie stammt und auch der Verteidiger von Caroline Farner ist. Daraufhin kehrt auch Meta in die Schweiz zurück.

Hedwig richtet eine Wohnung im obersten Stock des Hauses Am Heuberg 12 in Basel für ihre Freundin Meta her und zieht nach dem Tod ihres Mannes zusammen mit ihr dort ein. In diesem Haus schreiben die beiden und führen ihre politische und literarische Arbeit für die Frauen fort, wenn auch mit Rücksicht auf ihre Gesundheit viel weniger intensiv als früher. An diesem Ort, an dem engagierte Frauen ihre Gedanken niedergeschrieben haben, wird 25 Jahre später Iris von Roten an ihrem Buch *Frauen im Laufgitter* arbeiten.

Gerade die Beziehung und die Freundschaft zwischen Frauen ist das, was den größten Frauenreichtum ausmacht, einen Reichtum, der nicht heimlich oder anonym vererbt oder weitergegeben werden kann. Das ist meiner Meinung nach die wichtigste Botschaft, die man aus der Lektüre dieser wunderschönen weiblichen Vitae ziehen kann. Iris von Roten ist sich dieser Tatsachen absolut bewusst; sie benennt nicht nur ihre Tochter nach Hortensia von Gugelberg, sondern schöpft auch Kraft aus ihrer „weiblichen Generationenkette" wie aus einer Quelle und findet in ihr ihre Identität als Frau, um einen „eigenen sozialen Stand" zu haben, und, wie ich es nenne, gesellschaftlich sichtbar zu werden.

Auch Peter von Roten ist sich der Bedeutung und des Einflusses dieser Frauenfiguren bewusst, wenn er vom „ererbten Feminismus" spricht.

Dank der mächtigen Präsenz dieser Frauenfiguren aus der Vergangenheit der Familie, zu denen sich nun auch Iris und ihre Tochter Hortensia gesellen, entwickelt Peter von Roten dieses Gespür für die Achtung vor der weiblichen Autorität, das eine fundamentale Bedeutung für seine Beziehung zu seiner Ehefrau, seiner Tochter und der Frauenwelt im allgemeinen haben wird. Von Meta von Salis möchte ich an dieser Stelle eine ihrer letzten, an die Frauen gerichteten Botschaften zitieren:

> Vermaterialisiert das Ideal nicht, hütet Euch vor dem geistigen Proletariat, das unter den Männern seuchenartig um sich frisst, lasst den Charakter nicht abwelken, das Gemüt nicht verdorren, verfallt nicht der Phrase und dem Pharisäertum und stellt Instinktsicherheit, Arbeit jeder Art und Wesenklarheit und Seelenadel hoch über die Fertigkeit, den Homer griechisch zu lesen![3]

III.

Die herausragende Bedeutung einer nicht nur materiellen, sondern auch symbolischen Unabhängigkeit vom Mann

Die Bedeutung der Arbeit
für das Leben einer Frau

Die Schweizerinnen haben die Pflicht zu arbeiten, aber nicht das Recht dazu. Das Recht der Frau zu arbeiten wird bekämpft und unterdrückt, die Pflicht zu arbeiten hingegen je nach Opportunität aus dem Boden gestampft.

(Iris von Roten)

Nicht ohne Grund, so glaube ich, beginnt Iris ihr großes Werk *Frauen im Laufgitter* mit dem Kapitel über die „weibliche Berufstätigkeit in einer Männerwelt", als ob sie die Kapitel nach Bedeutung anordnen und mit dem Thema beginnen wollte, das ihrer Meinung nach für Frauen und für Männer gleichermaßen von oberster Bedeutung ist: die Arbeit. Die Idee, oder besser gesagt, die Vision, die Iris in Bezug auf die Arbeit hegt, ist grandios und phantastisch, gleichzeitig jedoch auch real und konkret. Sie betrachtet die Arbeit vor allem als eine aus freien Stücken gewählte Tätigkeit, als eine Möglichkeit, seine eigene Freiheit zu bekunden, als einen Akt der Liebe zu sich selbst. Iris' Einstellung zur Arbeit scheint mir „anders" zu sein als die üblichen: nicht auf Kalkulationen, Berechnungen, Vorteilen und Machtspielen begründet. Es ist eine sehr persönliche, und ich möchte sagen, auch sehr weibliche Einstellung, da sie eine tiefe Ehrlichkeit und Selbstkenntnis voraussetzt, die Bereitschaft, sich im privaten und öffentlichen Leben zu offenbaren und sich einzubringen, und diese letztgenannte Eigenschaft besitzen immer noch, so scheint mir, lediglich die Frauen.

Iris beginnt damit, die Arbeitswelt aus der Perspektive eines Mädchens zu beschreiben. Wir wissen alle, welch überaus hohen Stellenwert in der kindlichen Phantasie die Arbeit einnimmt, dieses Ideal, das wir so gerne verwirklichen möchten, wenn wir groß werden. Diese Gedankenfreiheit ist grenzenlos und noch nicht durch die

Ausbildung, das System und die Erwachsenen „kontaminiert" worden. Iris erinnert uns an die berühmte Frage, die sich alle Kinder stellen, und die wir uns ebenfalls gestellt haben: „Was werde ich, wenn ich groß bin?" Sie erinnert uns an diese ideale Situation, in der es noch möglich ist, sich alles vorzustellen und sich alles zu wünschen, ohne sich Beschränkungen auferlegen zu müssen oder die von anderen auferlegte Beschränkungen zu spüren, die Situation, in der sich der Horizont vor unseren Augen mit der gesamten breiten Palette von Berufswünschen öffnet: Zugführerin, Lehrerin, Verkäuferin, Briefträgerin, Schiffsführerin, Bäuerin, Tischlerin, Ärztin oder Mechanikerin.

> Da sind die Kinder mit ihren Berufsphantasien; die Berufsfrage ist in ihrer Vorstellung die Lebensfrage. Später tritt diejenige der Liebe hinzu und stellt vielleicht die Berufsfrage etwas in den Hintergrund. Doch nur für kurze Zeit. [...] Denn es bleibt dabei: die Lebensfrage ist der Beruf und nicht die Liebe, beziehungsweise der Mann oder die Frau. „Glück in der Liebe" ist zwar eine wichtige Frage, die Berufsfrage aber ist fundamentaler und von größerer Tragweite. (von Roten 1992, 144)

Im Anschluss darauf zieht die Autorin eine interessante Parallele und beleuchtet diese beiden bedeutenden Aspekte, das Berufs- und das Liebesleben, die beiden Eckpfeiler unserer Existenz. Das Träumen von dem zukünftigen Beruf weicht während der Pubertät dem Träumen von der Liebe. Diese Tatsache ist allgemein bekannt, genauso wie die Tatsache, dass das Thema Arbeit wieder in das Bewusstsein zurückkehrt, sobald die Pubertätsphase abgeschlossen ist. Mit der Begeisterung eines Mädchens, doch mit der Ideenklarheit einer erwachsenen Frau und in dem Bewusstsein, „in großen Dimensionen" denken zu können, was sie als Freidenkerin auszeichnet, berichtet Iris über die Arbeit, die in der Phantasie und im Leben der Kinder „eine Lebensfrage" darstellt. Als erwachsene Frau ist Iris voll und ganz davon überzeugt, dass die Arbeit zu unserem „Lebenselixier" werden kann, wenn uns die berufliche Tätigkeit, die wir ausüben, die Möglichkeit bietet, unsere individuellen Fähigkeiten voll und ganz auszuschöpfen.

Als Freidenkerin geht Iris mutig sogar noch einen Schritt weiter und behauptet, die Arbeit sei aufgrund der überschäumenden Freude, der Euphorie, des geistigen und körperlichen Glücksgefühls, das sie spenden kann, einem „Rauschmittel" ähnlich. Ich zitiere an dieser

Stelle folgende Passage, in der mich vor allem der Ton und die Begeisterung beeindruckt haben, mit denen Iris über die Arbeit spricht:

> Etwas vom Schönsten bei der glücklich gefundenen Berufstätigkeit, beim Einsatz der individuellen Begabung am richtigen Platz, ist das Bewusstsein der eigenen Kraft, das Erlebnis, welche Möglichkeiten in einem wohnen. Es zeigt einem, wer man eigentlich ist. Angemessene Berufsarbeit bedeutet Zunahme und Ausprägung der Persönlichkeit, Selbstentfaltung, Selbstverwirklichung, sich steigernde Überzeugung vom Sinn des Lebens der eigenen Individualität und damit vom Sinn des Lebens überhaupt. Sie gibt das Gefühl, jeden Morgen neu geboren zu werden, ein neues Leben vor sich zu haben. (von Roten 1992, 145)

Aus diesen Zeilen schimmert die positive Einstellung zum Leben durch, die Lebensfreude, eine ausgeprägte Selbstwahrnehmung, das Bewusstsein von den eigenen Fähigkeiten und den Möglichkeiten, die vor uns liegen, das Bewusstsein, Facetten unserer Persönlichkeit weiterentwickeln zu können, Verantwortung für unser Leben zu übernehmen und für die Art und Weise, wie wir unser Leben gestalten. Für Iris übt der Beruf darüber hinaus auch eine „therapeutische" Wirkung aus, er schützt uns vor den Turbulenzen des Lebens und ist ein Fels in der Brandung, eine sichere Quelle für materielle und symbolische Unabhängigkeit.

> Wer in ihm gemäßer Weise beruflich tätig ist, hat Unterhaltung sein Leben lang. Bald genießt, bald kämpft man, wiegt sich in Sicherheit oder stürzt sich in Risiken. Ständig geht einem frisches Material durch den Kopf und will gestaltet werden.[...] Angemessene Berufstätigkeit ist auch der beste Wanderstab in den Stürmen der erotischen Leidenschaft und in dem schwierigen Gelände, welches das Leben so oft vor einem ausbreitet. Von ihr gestützt, wird man kaum umgeblasen. Sie ist die gesündeste Luft, das erfrischendste Bad, die beste Kur für unzählige Anfechtungen und Leiden. Denn sie sorgt geistig und wirtschaftlich dafür, dass wir unser Leben leben. (von Roten 1992, 145-146)

Nach dieser Reihe neuartiger wunderschöner Definitionen und Gedanken über die Arbeit möchte ich an dieser Stelle eine linguistische Reflexion über einen deutschen Begriff anstellen, ein Substantiv, das einen Zustand oder eine Situation beschreibt und kein Pendant im Italienischen hat, wo dann auf eine Periphrase zurückgegriffen wird. Es geht um den Begriff „Berufslosigkeit" – ein Substantiv, das eine Situation oder einen Zustand des „Nicht-Arbeitens" ausdrückt. Bezeichnend ist die Tatsache, dass im deutschsprachigen Gebiet das

Bedürfnis vorhanden war, ein Wort mit dieser Bedeutung zu prägen, weil offensichtlich der Bedarf bestand, die Situation oder den Zustand des „Nicht-Arbeitens" in Worte zu fassen. Der Begriff „Berufslosigkeit" kommt in dem Buch Frauen im Laufgitter sehr häufig vor, weil es einen in der Schweiz der 50er Jahre äußerst verbreiteten Zustand unter den Frauen beschreibt, besonders der verheirateten, und diese Erscheinung auch in anderen kapitalistischen Industrienationen weitverbreitet war. Über dieses Thema, dem sie eine enorme und zentrale Bedeutung zumisst, reflektiert Iris immer und immer wieder. Erstens deshalb, weil es dabei um das „Leben" oder „Nicht-Leben" der Frauen geht, und zweitens, weil es auch um das Schicksal der Menschheit selbst geht, das, und zwar nicht nur aus biologischen Gründen, unauflöslich mit dem weiblichen Geschlecht verbunden ist. In der „Berufslosigkeit" der Frau sieht Iris die Ursache für zahlreiche Gefahren und Nachteile und meint dabei nicht alleine den wirtschaftlichen Aspekt. Ich zitiere an dieser Stelle eine Passage, die meiner Meinung nach die Gefahren, denen sich „berufslose" Frauen aussetzen, sehr treffend darstellt, eine Passage, in der der Gedanke der Geschlechterdifferenz deutlicher als irgendwo sonst zu Tage tritt.

> Die Unfreiheit der Frauen infolge der mit allerlei ideologischem Kram verbundenen beruflichen Zurücksetzung und teilweisen Ausschaltung im Erwerbsleben hat zweierlei Deformationen zur Folge. Die einen Frauen lehnen sich in ihrem Tun und Denken vollständig an die herrschende Meinung an. Es sind dies die Devoten, die „Braven" auf jedem Gebiet. Sie brauchen nicht notwendigerweise hausbacken zu sein; auch viele Verführerische und „Emanzipierte" gehören zu ihnen. Sie stilisieren sie sich je nach dem ihnen von einem Männerkreis vorgesetzten Klischee auf „echt weiblich" oder „moderne Frau die etwas unternimmt". [...] Bei anderen wiederum zeigt sich die Befangenheit nur in Gestalt einer leisen Lähmung, eines Zweifels am Wert des Eigenen, sobald dieses Eigene auch eigene Wege einschlägt. (von Roten 1992, 142)

Die Gefahr besteht darin, sich den vorherrschenden männlichen Vorbildern anzupassen und sich daran zu gewöhnen, sein wahres Ich nicht auszuleben. Die Frauen gehen dabei die Gefahr ein, auf ihre eigene Individualität zu verzichten, ein Zustand, den Iris mit den Worten „die Entwicklung ihrer Individualitäten abdrosseln" beschreibt. In dieser Tendenz (die in der damaligen Schweiz, aber auch in zahlreichen Ländern von heute zu beobachten ist), die Frauen je nach Bedarf hin- und herzuschieben und sie mehr oder weniger indirekt und heimtückisch auf ihre Rolle als Ehefrau und Mutter zu beschränken, sieht Iris einerseits einen schweren Angriff auf das Recht der Frauen, selbst darüber zu entscheiden, wie sie ihr Leben gestalten möchten, und andererseits eine enorme Selbstbeschränkung der Gesellschaft, die auf dieses unschätzbare und undenkbar große Potential verzichtet – die Energie und das Talent der Frauen. Diese nicht realisierten Fähigkeiten, dieses Potential, das sich nicht verwirklichen konnte oder sich nicht darzustellen vermochte – ist für Iris die große Tragödie der Menschheit. Die folgende Passage verdeutlicht diesen Gedankengang:

> In aller Stille ereignet sich tagaus, tagein die Tragödie, dass die Anlagen vieler kleiner und großer Begabungen mit einem weiblichen Körper verbunden werden, um nie aufzugehen und zuletzt mit der Leiche begraben zu werden. Ungezählte Frauen, die da geboren wurden, lebten und starben, haben oft wenig mehr als eine Ahnung davon gehabt, welche Wirkungsmöglichkeit ihr Geist gehabt hätte, wenn er durch die männliche Gesellschaftsordnung nicht zum vornherein in seiner Individualität eingeschränkt worden wäre. Diese Verscharrung von Begabungen ist nicht die einzige tragische Folge der bürgerlichen Norm ehefraulicher Berufslosigkeit. (von Roten 1992, 140-141)

Iris scheint sich dieses weiblichen Kraft- und Energieverlustes sehr bewusst zu sein und verdeutlicht, dass sie in den Begriff „kreative Kräfte" nicht nur wissenschaftliche oder künstlerische Fähigkeiten mit einbezieht, sondern auch alle anderen, die auf jedem beliebigen Gebiet Gedanken, Ideen und „Erleuchtungen" hervorbringen.

Nachdem wir über das Leben von Iris von Roten gelesen haben, werden wir viel leichter verstehen können, welche Bedeutung der Freiheit zukommt, denn die Freiheit war der Grundsatz, auf dem Iris ihr gesamtes Leben aufgebaut hat, ein unschätzbarer Wert und auch eine Eroberung. Zum Schluss meiner Überlegungen möchte ich diesen Gedanken mit dem bereits erwähnten und im vorherigen Abschnitt behandelten Thema der nicht realisierten weiblichen Potentiale in Verbindung setzen. Iris sagt uns, das fundamentale Element und die unabdingbare Voraussetzung für diese Kräfte und dieses Potential sei „die Luft der Freiheit".

Iris von Rotens tiefgreifende Analyse über die Situation der Frauen in der Arbeitswelt: „Von der Putz- und Waschfrau bis zur Tochter der Alma Mater" Hat sich nichts geändert?

„Dass eine Frau schöpferisch tätig ist, dass sie komponiert, ein großes Orchester dirigiert, ihr künstlerisches Leben selber bestimmt, eigene Ideen vielleicht sogar noch geschickt vermarktet - das passt immer noch nicht in die Vorstellung vieler Menschen.

(Susanne Geiger)

Zu Anfang dieses Kapitels stelle ich das nach den Worten Iris von Rotens „unergötzliche Panorama der weiblichen Berufstätigkeit in der Schweiz" vor; Iris hat hierbei die weiblichen Berufe auf eine ganz besondere Art und Weise und nach einer ganz klaren sprachlichen Bewertung eingeteilt, auf der Grundlage des gesellschaftlichen Status' der Frauen, die sie verrichten. Es handelt sich hierbei um „Frauen-, Mädchen-, Töchter-, Fräulein- und Schwesterberufe". Bezeichnend ist, dass männliche Pendants für diese Tätigkeiten nicht existieren oder aber ganz und gar undenkbar sind. Hier geht es um eine Besonderheit, die die Sprache ausschließlich für Frauen vorsieht. Die Palette der analysierten Tätigkeiten ist wirklich sehr breit und reicht vor den einfachsten Berufen wie denen der Putzfrau, Waschfrau, oder dem Dienstmädchen bis hin zu Beschreibungen realistischer Berufsmöglichkeiten für Frauen, die einen Universitätsabschluss vorweisen können. Zwischen diesen beiden Extremen befindet sich die gesamte Arbeitswelt, die zahlreiche andere Sektoren beinhaltet: die Industrie, das Handwerk, der soziale Bereich sowie die freien Berufe. Diese Berufsfelder, die sich stark voneinander unterscheiden, analysiert Iris von Roten mit dem wachsamen Auge einer Frau, die es versteht, auf die weniger bekannten und tiefgreifenden Aspekte der weiblichen

Berufstätigkeit hinzuweisen; die von den Schwierigkeiten weiß, denen Frauen begegnen, wenn sie in die Berufswelt streben und dort als das akzeptiert werden möchten, was sie sind, weil sie die gleichen Schwierigkeiten aus eigener, leidvoller Erfahrung nur allzu gut kennt. Grundlage meiner Überlegungen ist ein Gedanke der Autorin, die bereits vor fünfzig Jahren von einer gewissen weiblichen Illusion sprach, derselben Illusion, der, so scheint mir, auch die moderne Frau des neuen Millenniums nachläuft:

> Jede Zeit hat Lieblingsillusionen, eine der gehätscheltsten unseres Jahrhunderts ist die „moderne Frau", die beruflich gleichberechtigte, unabhängige und erfolgreiche Frau. [...] Auf den Mann zu warten, zu heiraten, um versorgt zu sein, sei der Frau von heute unbekannt. Sie heiratet aus lauter Liebe, wann und wen sie wolle, worauf sie das Kunststück fertig bringe, Beruf, Haushalt und Mutterschaft zu vereinigen. (von Roten 1992, 17)

Der zweite Teil des Zitats, der einen spezifischen Wunsch der Frauen gestern wie heute ausdrückt, nämlich den, um jeden Preis Beruf, Haushalt und Familie unter einen Hut zu bringen, versteht Iris nicht ohne Ironie als die Bemühung von uns Frauen, auf allen Gebieten perfekt zu sein und (im Unterschied zu Männern) auf keines dieser Gebiete verzichten zu wollen oder zu können. Gleich im Anschluss darauf erklärt uns Iris, dass diese Situation in Wahrheit nicht der Lage der Frauen in der Schweiz der 50er Jahre entspricht, denn „nicht die moderne Frau, sondern die Großmutter war nämlich die berufstätige Frau".

In der Geschichte und auch in der Literatur ist immer wieder zu beobachten, dass die Frauen der vorangegangenen Generationen, in diesem Fall die Großmütter, aktiver und folglich auch „weiterentwickelt und aufgeweckter" waren als die Generationen, die nach ihnen kamen, z.B. die Generation der Enkelinnen. Wie schon erwähnt, ist die Berufstätigkeit der entscheidende Faktor, der den Unterschied ausmacht. Durch sie werden die Frauen aufnahmefähiger, dem Leben gegenüber aufgeschlossener und in der Gesellschaft präsenter und sichtbarer. Iris analysiert die Ursachen in diesem besonderen geschichtlichen Kontext und sieht den Grund für das Verschwinden der Frauen vom Arbeitsmarkt in dem Niedergang der schweizer Textilindustrie, in der hauptsächlich Frauen beschäftigt waren, und dem keine neuen Beschäftigungsmöglichkeiten in anderen Bereichen folgten. Eine Erscheinung jedoch, die Iris ganz klar der modernen Gesellschaftsentwicklung zuordnet, ist die massive Tendenz der Frauen, unmittelbar nach der Heirat aus dem Berufsleben auszuscheiden. Bereits während ihrer USA-Reise im Jahre 1948 bemerkte sie diese Tendenz und hörte die Frauen immer häufiger sagen: „Ich habe einen Mann, der mich erhalten kann, weshalb ich nicht zu erwerben brauche."

In Wahrheit, so Iris, steht die „Frau von heute" vor der gleichen trostlosen Alternative, vor der schon ihre Urgroßmutter stand. Die Generation dazwischen, d.h. die der Großmütter, zeigte mehr Mut. Es ist beeindruckend zu sehen, mit welcher Gedankenklarheit und Präzision Iris nahezu die gesamte Palette der „möglichen" Frauenberufe untersucht, die den Frauen offen standen. Des weiteren analysiert Iris das typisch männliche Verhalten, das sich zu einem wahren Trend entwickelte und immer dann in Erscheinung tritt, wenn die Männer ein Bedürfnis oder ein Interesse daran haben, auf bestimmte Art und Weise zu handeln, um ganz bestimmte Ziele zu erreichen.

> Bezeichnenderweise wird die Platte von der großartigen Bedeutung der „ureigenen Aufgaben der Frouh" und all dem Schmutz, der ihrer Heiligkeit außerhalb des Hauses zu nahe kommen soll, nur abgespielt, wenn die Frauen im beruflichen und öffentlichen Leben gehobene Stellung anstreben, nach denen es auch die Männer besonders gelüstet. [...] Geht es gar um einen Mangel an Arbeitskräften für unbeliebte und schlecht bezahlte Arbeit, so zieht man andere Saiten auf.

Mit klaren und offenen Worten fährt Iris fort:

> Klipp und klar gesagt, meint das Gedudel der Weiblichkeitsapostel mit seiner nicht minderwertigen, aber anderswertigen Fraulichkeit das eine: Der Beruf als Frau und Mutter als hehrer Lebensinhalt soll jede Frau „unschädlich" machen, die beruflich tun könnte, was die Männer gerne selbst tun; die Frauen jedoch, für die oder deren Kinder kein Mann vorläufig oder überhaupt aufkommen kann oder will, sollen als geschlechtslose Arbeitsbienen emsig, aber unrentabel sich betätigen. Wie und wo, zeichnet ihnen die männerherrschaftliche Regelung des Gemeinschaftslebens genau vor. (von Roten 1992, 22)

Immer dann, wenn der männliche Drang, sich im Berufsleben auszubreiten, ohne sich mit der weiblichen Konkurrenz auseinandersetzen zu müssen, es verlangt, wird auf Kommando die gleiche alte Platte abgespielt, mit dem überholten Gedudel, die wahre Berufung der

Frau, die ihre ureigene Existenz wiederspiegelt, sei innerhalb des Hauses, weit weg von all dem „Schmutz" und dem Wettbewerb der Arbeitswelt „draußen".

Bevor sie die Palette der weiblichen Berufe analysiert, macht Iris eine äußerst interessante Bemerkung, die eine nähere Betrachtung verdient. Es geht dabei um eine Tendenz der Sprache, die sich scheinbar den Wünschen und Bedürfnissen des männlichen Sprachgebrauchs anpasst, wenn Männer bestehende Worte zu neuen Ausdrücken zusammenfügen, um arbeitende Frauen zu beschreiben.

Iris zeigt uns das Ergebnis dieser unglaublichen, doch tatsächlich durchgeführten „linguistischen Operation", und ebenfalls die Art und Weise, in der es den Männern gelungen ist, eine nahezu vollkommene Übermacht und Kontrolle über die gesprochene Sprache zu gewinnen, auch über die, die die Frauen selbst verwenden, ohne sich jedoch selbst in dieser Sprache wiederzufinden. Diese Sprache definiert die Frauen gemäß ihrer biologischen oder gesellschaftlichen Funktionen, schafft es jedoch nicht, alle Aspekte ihres Wesens zu berücksichtigen. Iris gibt uns hierzu „eine kleine etymologische Folie", die uns behilflich sein kann, um in diesen Mikrokosmos der Arbeitswelt einzudringen, in der alles definiert und definierbar zu sein scheint.

Im Zusammenhang mit der Erwerbstätigkeit der Frauen fällt die Eigenart unseres Sprachgebrauchs auf, die Angehörigen ganzer Berufszweige mit einem an Mädchen, Tochter, Fräulein, Frau, Dame, ja sogar an Schwester und im Dialekt an Gott gehängten Tätigkeitswort zu bezeichnen. Da ist das Mädchen zum Dienen: das Dienstmädchen; die Tochter zum Servieren: Serviertochter; die Frau zum Putzen: Putzfrau; die Frau zum Waschen: Waschfrau. [...] Der Sprachgebrauch geht noch weiter und verbindet weibliche Wesen einfach mit der Lokalität, in der sie bei ihrer Arbeit stehen, sitzen und gehen, um ihre Berufstätigkeit zu umschreiben. So kommt der Saal zu Töchtern: die Saaltöchter; der Laden zu Ladentöchtern. Und ähnlich der Bezeichnung der Katze als Hauskatze, wenn sie auf längere Zeit mit einem Haus verbunden ist, nennt man das Fräulein, das im Büro arbeitet, Bürofräulein und die Dame, die hinter dem Büffet steht, Büffetdame. [...] Und weil während Jahrhunderten in erster Linie Nonnen – Schwester in Christo – sich um die Kranken kümmerten, so macht der Sprachgebrauch die Pflegerin allgemein zur „Schwester". Dabei ließ die sprachliche Trägheit sie überdies noch zur Schwester des Kranken beziehungsweise des Säuglings werden, wie es Berufsbezeichnung und Titel „Krankenschwester" beziehungsweise „Säuglingsschwester" zeigen. [...]

Besonders frappiert die Tatsache, dass zur Bezeichnung einer Berufstätigkeit, derjenigen des Dienstmädchens, sogar das bloße Wort „Mädchen" genügt. Auch die älteren Bezeichnungen „Jungfrau" und „Magd" hießen nichts anderes als Mädchen. (von Roten 1992, 26)

Iris bemerkt, dass neben den oben erwähnten Frauenberufen, der gleichen Logik folgend, auch eine geringe Anzahl von ähnlichen Männerberufen derart abwertend bezeichnet wird. Dabei handelt es sich um unqualifizierte, schlecht entlohnte Tätigkeiten, die von jedermann ausgeführt werden können, da sie keinerlei besondere Fähigkeiten, technischen Kenntnisse oder Schulabschlüsse erfordern. Genauso wie bei den bereits erwähnten Frauenberufen verbinden diese Berufsbezeichnungen das Geschlecht der Person, die die Tätigkeit ausführt mit der auszuführenden Tätigkeit oder dem Ort, an dem die Tätigkeit ausführt wird, wie z.b. bei „Zügelmann", „Officebursche", „Liftboy" oder „Dienstmann".

Bei den „Frauen- Mädchen- und Tochterberufen" beginnen wir mit den am weitesten verbreiteten:

Ich lasse dem „fraulichsten" aller Berufe den Vortritt, demjenigen der Putzfrau und Waschfrau. Wo immer in Europa während der letzten zehn, hundert, ja tausend Jahre schmutzige Böden von Hand geschrubbt und schmutzige Wäsche von Hand gewaschen wurden, war es eine weibliche Hand. Nicht die Hand allein ist bei dieser Arbeit beschäftigt. Die Waschfrau taucht bis zum Ellbogen in die schmutzige Lauge, und die Putzfrau ist Jahrhunderte lang auf den Knien am Boden herumgerutscht, um dem Schmutz besser auf den Leib zu rücken. Gegenwärtig schrubben die Frauen zum mindesten nördlich der Alpen nicht mehr auf den Knien, da die wirtschaftliche Konjunktur die bescheidenen Verdienstmöglichkeiten etwas erweitert hat und die verbleibenden Putzfrauen es sich deshalb leisten können, in buchstäblichem Sinne eine gehobenere Stellung einzunehmen – sie stehen beim Schrubben. (von Roten 1992, 28)

An dieser Stelle drängt sich eine sehr logische, jedoch niemals gestellte Frage auf: Weshalb gibt es in der westlichen Kultur eigentlich keinen Putzmann oder Waschmann? Dazu stellt Iris fest: „Die 'weiten Gebiete' der Putzerei und Handwäscherei standen den Frauen jedenfalls immer offen. Den Männern auch aber sie betraten sie nicht. Es sei denn, sie seien Angehörige einer in fremder Kultur lebenden unterdrückten Rasse."

Als Iris ihr Buch schrieb, waren die wenigen Putzmänner nur unter armen außereuropäischen Einwanderern zu finden, die bereit waren, irgendeine Arbeit anzunehmen, um etwas Geld zu verdienen. Für europäische Männer waren diese Arbeiten absolut undenkbar und indiskutabel, und daran hat sich bis heute nichts geändert. „Die Leistung von häuslicher Wasch- und Putzarbeit durch Männer kommt in unseren Regionen selbst im Falle von Arbeitslosigkeit überhaupt nicht in Frage."

Bevor sich ein weißer Mann durch Verrichtung solcher „Frauenarbeit" die Hände schmutzig macht und seine „Ehre befleckt", wird er sich, so Iris, höchstwahrscheinlich vertrauensvoll an seinesgleichen wenden, und kann sicher sein, Solidarität und Unterstützung zu finden, auch auf politischer Ebene, falls nötig. Anders sieht es bei einer Frau aus, deren Würde als Person und Arbeiterin scheinbar nicht geschützt werden muss. Putzarbeiten würden einen Mann scheinbar entehren, so Iris, nicht aber eine Frau, und auch die Frau selbst betrachtet diese Situation als völlig normal. Für eine Alleinstehende, die niemanden an ihrer Seite hat, der sie ernährt, ergänzt Iris, ist es fast eine Gnade, solch eine Arbeit zu finden.

Sobald die Frauen jedoch etwas „Bedeutendes" vorhaben, beginnen die „Hüter der Weiblichkeit", wie Iris sie nennt, merkwürdigerweise sofort damit an, sich Mittel und Wege auszudenken, um die Frauen von der „schmutzigen Welt" der Arbeit und der Politik fernzuhalten, während sie es paradoxerweise völlig „okay", und mehr noch, richtig weiblich finden, dass Frauen als erste den richtigen, konkreten Schmutz wegräumen, wenn er sich allzu sehr angehäuft hat.

Es gibt drei Ausnahmen, drei männliche Berufe, die scheinbar allein deshalb existieren, um das, was die Regel zu sein scheint, nämlich den weiblichen Charakter der Putzarbeiten, zu bestätigen. Iris stellt fest, dass die Gleichheit der Geschlechter nicht einmal im Bereich der Putzarbeiten – die im Regelfall niemand verrichten würde, wenn er eine andere Wahl hätte – der „modernen Frau" die Eroberung höherer Positionen ermöglichte. Nicht einmal in diesem Bereich ist es den Frauen gelungen, eine würdevolle Entlohnung für ihre Arbeit zu erhalten. Die erste der drei erwähnten Ausnahmen ist die Figur des Schulabwarts, der sich hin und wieder mit einem Besen in der Hand blicken lässt. Auch wenn der Großteil der Putzarbeit eigentlich von seiner Ehefrau verrichtet wird, ist er derjenige, der das Gehalt in Empfang nimmt. Die modernere Version des Schulabwarts ist der Schulhausmeister, dessen Aufgabe darin besteht, die Gruppe der Putzfrauen zu überwachen und sicherzustellen, dass diese mit Eifer bei der Sache sind. Die anderen beiden Ausnahmen sind der Straßenkehrer und der Autowäscher.

Das Charakteristische an diesen männlichen Arbeiten im Reinigungsbereich und das, was ihnen sozusagen Prestige verleiht und sie zum Beruf aufwertet, ist die Dienstuniform, die diese Personen bei ihrer Arbeit tragen. Derjenige, der eine Uniform trägt, ist nicht ein beliebiger Putzmann, sondern ein Firmenangehöriger, ein Angestellter, Fachmann also. Sein Arbeitgeber sind nicht Privatpersonen, sondern Unternehmen oder staatliche Einrichtungen, und das ermöglicht ihm, würdevolle Entlohnungen für seine Dienste zu erhalten.

Ein weiterer Beruf, der einer „modernen Frau" zahlreiche Möglichkeiten zu bieten scheint, erinnert uns Iris, ist derjenige, der im allgemeinen als „Dienerin" oder „Dienstmädchen" bezeichnet wird. Dabei handelt es sich jedoch nicht um einen wirklichen Beruf, da er von jedermann ausgeführt werden kann, der keine andere Wahl hat. Worin diese Tätigkeit besteht, ist schnell gesagt: Es ist die gleiche Arbeit, die auch eine Hausfrau verrichtet, außer dass das Dienstmädchen größeren Einschränkungen hinsichtlich ihrer persönlichen Freiheit unterworfen ist. Ihre Aufgabe ist es, zu „dienen der Bequemlichkeit der anderen". Es folgt eine Überlegung von Iris in Bezug auf die Tatsache, dass bei einem Dienstmädchen eine eigene Persönlichkeit nicht gefragt ist:

> Das „Mädchen" hat sich als Persönlichkeit so weit als möglich auszulöschen, einzig in der Arbeit darf es sich einsetzen, aber nur im Sinne der befehlenden Hausfrau. Mit anderen Worten: es hat sich in ein Werkzeug der Dame des Hauses zu verwandeln. Entsprechend gibt es auch keinen sachlichen Maßstab für die Bewertung seiner Arbeit, sondern nur die subjektive Bewertung durch die Arbeitgeberin. Für solche denkbar untergeordnete Tätigkeit hat man daher nicht einmal eine eigentliche Berufsbezeichnung gefunden. Was soll man schon sagen? Dienendes Mädchen, „Dienstmädchen", kommt dem Sachverhalt am nächsten. „Mädchen" ist so charakteristisch, weil kein Knabe oder Jüngling die Arbeit tun muss, jedes Mädchen aber, wenn es nicht gerade schwachsinnig oder verkrüppelt ist, dazu verwendet werden kann. (von Roten 1992, 31)

Auch hier stellt Iris sehr tiefgehende Überlegungen über diese typisch weibliche Tätigkeit an, für deren erfolgreiche Durchführung es nur zwei Voraussetzungen zu geben scheint: nicht psychisch krank oder körperlich behindert zu sein. Qualitäten wie Intelligenz, Persönlichkeit oder besondere Fähigkeiten sind nicht gefragt, es geht hierbei um körperliche Arbeit, die ohne Pause durchgeführt wird und bei der Belastbarkeit, Gehorsam, guter Wille und völlige körperliche und geistige Unterordnung gegenüber dem Arbeitgeber gefordert werden. Es ist deshalb auch nicht verwunderlich, dass Mädchen, insbesondere die, die keine andere Wahl haben, die Stellung eines Dienstmädchens annehmen. Doch wer sind diese Mädchen, die keine beruflichen Alternativen haben? Es sind Töchter, die aus ländlichen Gebieten stammen, weit weg von den Industriezentren, von niedriger sozialer Herkunft und ohne Schulausbildung. Iris weist jedoch darauf hin, dass sich die Situation für die Söhne ganz anders darstellt. Mit den gleichen Startmöglichkeiten ausgestattet, auch sie eigentlich ohne Aussicht auf eine Schulausbildung usw., ist für die Brüder der „Mädchen für alles" das Leben doch um ein Vielfaches gestaltungsfreudiger. In jedem noch so kleinen Städtchen gibt es Bäcker, Fleischer, Tischler, Schmiede, Mechaniker usw., alles Berufe mit einer langen männlichen Tradition, Berufe, die nur Jungen offen stehen und vom Vater auf den Sohn übergehen. In der Regel investiert die Familie lieber in einen Sohn und ermöglicht ihm auch unter großen Opfern eine angemessene Ausbildung oder das Erlernen eines bestimmten Berufes. Den Mädchen werden diese Möglichkeiten nicht gewährt, da die Notwendigkeit für einen solchen Schritt nicht gesehen wird. Gewährt wird ihnen höchstens, vorübergehend eine einfache, unqualifizierte Tätigkeit zu verrichten, um die Zeit bis zur Heirat zu überbrücken. Doch auch diese Möglichkeit bietet keine ausreichende Sicherheit, denn Tätigkeiten wie die des Dienstmädchens, der Putzfrau oder der Waschfrau, die sich am unteren Ende der Entlohnungsskala der weiblichen Berufe befinden, werden von den Männern so verachtet und gering geschätzt, dass die Frauen, die sie verrichten, aus dem sogenannten „Heiratsmarkt" herausfallen: „... Die Burschen, die als Ihre Ehemänner in Betracht kommen, finden es wenig vornehm Dienstmädchen zu heiraten."

Die Tätigkeit der Kellnerin, die im Schweizerdeutsch mit „Serviertochter" übersetzt wird, ist eine Arbeit, die sich von der des Dienstmädchens nicht sehr unterscheidet, da es in beiden Fällen darum geht, anderen zu dienen. Ein geringer Unterschied besteht in der Bezahlung, die aufgrund der Trinkgelder reicher Kunden für die Kellnerin höher ausfällt.

In Bezug auf diese weibliche Tätigkeit bemerkt Iris, dass die Arbeit einer Kellnerin nicht für eine Frau, sondern für ein junges Mädchen bestimmt ist. Eine wichtige Voraussetzung für diese Arbeit ist eine bestimmte Weiblichkeit, nicht jedoch die traditionelle, sondern ein angenehmes äußeres Erscheinungsbild, eine gewisse „phisique du rôle", der die männliche Klientel überhaupt nicht abgeneigt ist, sondern sie im Gegenteil sehr zu schätzen weiß, insbesondere wenn so viel Weiblichkeit zu ihren Diensten steht. Sobald ein junges Mädchen zur Frau geworden ist oder dies angenommen wird, ist sie aus Sicht der männlichen Kundschaft nicht mehr geeignet, diese Tätigkeit auszuüben, bemerkt Iris. Eine verheiratete oder eine ältere Kellnerin sehen sich besser nach einer anderen Arbeit um; auch wenn sie viel mehr Erfahrung aufweisen können als eine Achtzehnjährige, werden sie höchstens in Notfällen eingestellt.

Iris beschreibt uns die verbreiteten männlichen Einstellungen und Denkweisen, die als Grundlage für die Urteilsbildung dienen, wie folgt und zeigt uns auf, wie diese systematisch angewandt werden, um Situationen und Tatsachen zu manipulieren, zu beeinflussen und zu erzwingen:

> Man hört und liest hin und wieder weinerliche Äußerungen, wie es schon für einen Mann zwischen Vierzig und Fünfzig nicht mehr leicht sei, eine neue Stellung zu finden. Man hat aber kaum je gelesen noch je gehört, dass Tausende von Männern nur deshalb ausrangiert worden wären – und zwar als Norm –, weil sie, verheiratet oder älter geworden, den Frauen, mit denen sie bei der Arbeit in Beziehung kommen, nicht mehr gefallen. Hingegen gilt das Unerhörte im umgekehrten Sinne für die Serviertöchter. Offenbar ein „Frauenberuf", der von so andersartiger weiblicher Natur noch einen frühen Tod verlangt. (von Roten 1992, 39)

Diese Kriterien, die auf dem Alter sowie auf einem netten äußeren Erscheinungsbild basieren, scheinen mir auch in zahlreichen anderen Berufszweigen noch weit verbreitet zu sein, wenn es darum geht, weibliche Arbeitskräfte einzustellen. Auch dank „wohldurchdachter" Verordnungen und Gesetze, die den Eintritt junger Leute in die Arbeitswelt fördern sollen, wird es häufig vorgezogen, einen jungen weiblichen Lehrling geringfügig, anstatt eine erwachsene Frau, die eine entsprechende Fähigkeit und Erfahrung vorzuweisen hat, angemessen zu entlohnen. Aus diesem Grund ist zum Beispiel im Gastronomiesektor eine hohe Fluktuation des Personals zu beobachten, weil die dort angebotenen Tätigkeiten eine gewisse körperliche Kraft erfordern, schlecht entlohnt werden und als provisorisch gelten, als Tätigkeiten, die angenommen werden, „wenn es nichts Besseres gibt", Tätigkeiten, die immer angeboten werden, vor allem den Frauen, vorausgesetzt, das Alter stimmt.

Lassen wir unseren Blick weiter schweifen und gehen vom Gastronomiesektor zum Bereich der öffentlichen oder privaten Verwaltung über, so erwartet uns das gleiche Bild: Die Arbeit im Büro, im Sekretariat, ist für Iris aus folgendem Grund eine „Fräuleinarbeit":

> Von den weit über eine Milliarde zählenden Briefen, die unsere Post jährlich befördert, ist der größte Teil von Männern diktiert, aber von Frauen getippt. Die in diesen Schreiben ausgedrückten Gedanken stammen von Männern, Männer haben die Worte gewählt, die Sätze aufgebaut, die „Fräulein" wirken dabei sozusagen als Transmissionsriemen. Man kann es auch anders sagen: den Frauen obliegt in den Büros jene langweilige, aber zugleich Konzentration erfordernde kleinlich-mühselige Arbeit, die weder Homo sapiens noch Maschine machen mögen. (von Roten 1992, 43)

Dem „Bürofräulein" werden ein menschliches Gehirn und mechanische Finger abverlangt. Ein Gehirn ja, ergänzt Iris ironisch, doch nicht etwa, um selbständige Gedanken zu erzeugen, sondern vielmehr „um die Anzeichen menschlicher Gedanken, die der Chef von sich gibt, aufzufangen, und sie in mechanische Zeichen umzuwandeln". Wenn das Gehirn einer Sekretärin auf gewisse Weise halbautomatisch funktionieren soll, so müssen ihre Hände dahingegen vollautomatisch sein, wie Präzisionsmaschinen. Unter den verschiedenen von einer Sekretärin geforderten Fähigkeiten ist jedoch eine, die nahezu unmenschlich ist. So

> mutet man dem Kopf des „Fräuleins" eine Aufgabe subtilster Intuition zu: Hellseherei. Das „Fräulein" soll die Wünsche des Chefs, die geschäftlichen natürlich in erster Linie, nicht nur erraten, nein, es soll sie zu erfüllen trachten, bevor er selber weiß, was er eigentlich will. (von Roten 1992, 43)

Iris beleuchtet hier einen unbekannteren Aspekt dieser Tätigkeit und beschreibt, wie wenig persönlich, motivierend und lohnend es ist, eine ganze Reihe unterschiedlichster Aufgaben zu erfüllen (aufräumen, Kaffee kochen, hochtechnische Probleme lösen, als Sekretärin, Telefonistin, Rezeptionistin usw. fungieren), um die Arbeit eines anderen leichter zu gestalten. All diese Tätigkeiten scheinen vieles gemeinsam zu haben; sie dienen vor allem als Filter, als Pufferzone zwischen der Außenwelt und dem Arbeitgeber, sie erfordern grundlegende Sach- und Menschenkenntnis, technisches Verständnis, Organisationsfähigkeit, Geschicklichkeit und Timing. Im Gegensatz dazu sind weder eigene Ideen und Gedanken noch eigene Entscheidungsfähigkeit gefragt. Eine Fähigkeit jedoch wird mehr oder weniger ausdrücklich verlangt, nämlich die Anpassungsfähigkeit. Doch wem oder was soll man sich denn anpassen? Einem Arbeitssystem, einer Arbeitsweise und einer Arbeitsplanung, die nicht die eigenen sind. Ein herausragendes Beispiel dieser maskulinisierten Welt ist der große öffentliche Verwaltungsapparat der Schweiz.

Er ist so etwas wie ein Symbol, das Ergebnis einer patriarchalischen und kapitalistischen Welteinrichtung, von Männern und für Männer gedacht, und wenn Frauen in diesen Apparat eintreten möchten, so müssen sie sich anpassen. Der große öffentliche Verwaltungsapparat ist der Ort, an dem sich unterschiedliche Strategien und Machtspiele begegnen, der Ort, an dem alles nach seinem finanziellen Wert beurteilt wird und an dem Frauen und Männer unterschiedliche Sprachen sprechen und unterschiedliche Wünsche hegen. Aus diesem Grund verstehen die Frauen, die in dieser großen Maschinerie arbeiten, auch nicht, weshalb sie trotz gleicher Fähigkeiten und Qualifikationen weniger als ihre männlichen Kollegen verdienen müssen oder weshalb sie, wenn sie die Möglichkeit, oder den Wunsch haben, sich beruflich weiterzuentwickeln, aus unterschiedlichen Gründen blockiert oder aufgehalten werden. Die grundsätzliche Voraussetzung, die erfüllt sein muss, um in einer maskulinisierten Umwelt arbeiten zu können, ist, seine grundlegende Logik anzuerkennen. Diese Logik nimmt der Frau viel von ihrer eigenen Persönlichkeit, weil sie sie zwingt, sich anzupassen und „jemand anders" als sie selbst zu sein. Iris erklärt, dass die Bezeichnung „anderswertig", auf eine Person bezogen, in der Schweiz gleichzusetzen ist mit „minderwertig". Dies ist symptomatisch für eine grenzenlose patriarchalische Rückständigkeit, da das männliche Prinzip als richtig und makellos dargestellt wird und all das, was davon abweicht, folglich als „minderwertig" gilt und nur durch Anpassung an das universell gültige männliche Vorbild gesellschaftliche Anerkennung und Stellung erreichen kann.

Die Logik dieses Systems ist auch der Grund, weshalb zahlreiche Berufe, wie z.b. Grundschullehrerin, Kindergärtnerin oder Erzieherin sowie die Pflegeberufe, auch diejenigen Tätigkeiten, die zu Hause verrichtet werden und mit der Pflege der Kinder, der älteren Familienmitglieder und des Hauses zusammenhängen, nicht in ihrer vollen Bedeutung anerkannt und in der Regel weder ausreichend entlohnt noch in ihrer wahren Bedeutung erkannt und geachtet werden. Seit jeher existierte die prestigeträchtige Figur des „Tutors", eines Privatlehrers von Rang, der lediglich den Söhnen wohlhabender Familien Privatunterricht erteilte, denn „die Frauen lehrten alles, was es außerhalb der klassischen und beruflichen Studien zu erlernen gab".

Iris zufolge herrscht auch auf dem Gebiet der Pädagogik die Logik der Macht und der Interessen, wenn es darum geht, die Arbeit untereinander aufzuteilen und sich die besten „Stücke" zu sichern.

Der Beruf des Lehrers, besonders in der Oberstufe, wird in der Schweiz als eine sichere und interessante Tätigkeit angesehen, mit einer relativ kurzen Arbeitszeit und langen, bezahlten Ferien, also summa summarum als eine verlockende und begehrte Tätigkeit. Aus genau diesen Gründen haben sich die pädagogischen Tätigkeiten zu einer wahren Männerbastion entwickelt. Um dieses Phänomen zu bekräftigen, reicht es aus, die schweizer Statistiken mit denen anderer Länder zu vergleichen, in denen diese Tätigkeiten, wenn sie schlecht entlohnt werden, (nicht zufällig) den Frauen überlassen werden. Die Gegebenheiten, und mehr noch die Möglichkeiten, sie zu unterwandern, werden immer von der sozioökonomischen Konjunktur diktiert, und in Nachkriegszeiten, in denen ein höherer Bedarf an Lehrern herrscht, besteht der Lehrkörper vorwiegend aus Frauen. Sobald sich die Konjunktur erholt und dieser Beruf wieder besser entlohnt wird, werden die weiblichen Lehrerinnen immer seltener und weichen ihren männlichen Kollegen. Eine gesonderte Betrachtung gebührt der verheirateten Lehrerin, die unter ihren Kollegen und generell in der Arbeitswelt für manche Irritation sorgt, denn „die verheiratete Lehrerin wird als 'Doppelverdienerin' verleumdet". Es ist interessant zu bemerken, wie auch das Justizsystem diese Tendenz unterstützt:

Ja, in einzelnen Kantonen, zum Beispiel Basel-Stadt und Solothurn, schließen die Männer die verheiratete Lehrerin auf gesetzlicher, aber genau genommen bundesverfassungswidriger Grundlage von der Amtstätigkeit aus. Der männliche Lehrer hat ein Recht auf seinen Beruf. Der Lehrerin aber billigt man nur ein zweitrangiges zu, und als Verheiratete hat sie nichts mehr zu wollen. (von Roten 1992, 72)

Es ist erstaunlich, wie versucht wird, einem weitverbreiteten und allgemein anerkannten Verhalten auch noch eine rechtliche Grundlage, eine gesetzliche Deckung zu geben, und wie das System diese Tendenz unterstützt und fördert. Es scheint mir überflüssig, darauf hinzuweisen, dass sich auch der Justizapparat perfekt in diese patriarchalische Denkweise einfügt, die in allen Gebieten des gesellschaftlichen Lebens zu spüren ist. Auch das Bürgerliche Gesetzbuch ist männlich geprägt, wenngleich es vorgibt, neutral zu sein und Männern und Frauen gleichermaßen zu dienen.

Nicht weniger Kritik übt Iris bei der Analyse der freien Berufe aus, bei denen die Frauen selbst Inhaberinnen, Besitzerinnen, „Chefinnen" sind.

Iris betrachtet die freien Berufe als einen Sektor, der den Frauen nicht wirklich gute Möglichkeiten bietet, sondern im Gegenteil Tätigkeiten bereithält, die den Frauen immer schon offen standen, insbesondere den Frauen, die sich in Not befinden, meistens nach dem Tod ihres Ehemannes. Es handelt sich hierbei also um Tätigkeiten, die nicht frei gewählt wurden, sondern durch die zufälligen familiären Situation bedingt waren und deshalb unter der Bezeichnung „Sammelsurium der Not" zusammengefasst werden können.

Die Rettungsanker dieser wohl oder übel selbständigen Frauen sind, nachdem alle Stricke rissen, besonderes häufig „es Lädeli" und die zur Zimmervermieterei oder Kostgeberei – kleinsten und größten Stils – erweiterte Hauswirtschaft. [...] Die Frau mit dem Lädelchen, die Hausiererin, die Zimmervermieterin und Kostgeberin sind seit alten Zeiten regelmäßige Gestalten. (von Roten 1992, 73)

Zur Gruppe der „Selbständigen" gehört, so Iris, auch eine Gruppe von Frauen in mittleren oder gehobenen Positionen. Die Gründe hierfür sind jedoch nicht darin zu suchen, dass diese Frauen ihre Positionen im Berufs- und Geschäftsleben etwa durch die Chancengleichheit in der Arbeitswelt errungen hätten, sondern liegen vielmehr in ihrem familiären Umfeld begründet. Diese Frauen haben ihre hohen Stellungen als Inhaberinnen von Fabriken oder Unternehmen entweder als Alleinerbinnen (mangels eines männlichen Erben) erlangt, oder sie haben als Witwen die Aktienmehrheit der Firma ihres verstorbenen Ehemannes erhalten.

Mit Ausnahme solcher Berufe wie Apothekerin, Ärztin, Zahnärztin oder Inhaberin einer gastronomischen Einrichtung, die mehr oder weniger öffentliches Ansehen genießen, sind die freien Berufe sehr häufig eine Notlösung und nur selten aus freien Stücken gewählt. Darüber hinaus gibt es noch die sogenannten „neuen Frauenberufe", z.b. Erzieherin im Kindergarten oder Kinderkrippe, Vorschullehrerin, Sozialarbeiterin, Ärztin, Laborantin, Übersetzerin, Bibliothekarin. Doch diese Tätigkeiten standen bei näherer Betrachtung den Frauen seit jeher offen. Für Männer sind diese Tätigkeiten, die „nun frisch etikettiert worden sind", aufgrund ihrer schlechten Bezahlung niemals besonders interessant gewesen. Über die Tätigkeit der Erzieherin und der Vorschullehrerin stellt Iris folgende Überlegung an und unterstreicht die Bedeutung dieser Arbeit, die sich im unmittelbaren Kontakt mit Kindern vollzieht:

> Es handelt sich um Posten von bedeutender Verantwortung. Man hat einen jungen Menschen fast vollständig in der Hand. [...] Eine Bezahlung, die jener der Lehrer entspräche, wäre also angezeigt. Vorläufig ist davon allerdings keine Rede. (von Roten 1992, 76)

Entspräche das Gehalt einer Erzieherin dem eines Oberschullehrers, so würde dieser Berufszweig unverzüglich das Interesse der Männer wecken. Um dieses zu rechtfertigen, würden die bizzarsten Argumente angeführt, und die Männer würden Einzug halten in die sogenannten „urweiblichen Berufe", bekräftigt Iris. Viele der sogenannten „neuen Frauenberufe" sind als Folge des enormen wissenschaftlichen und technischen Fortschritts auf zahlreichen Gebieten entstanden. Die „neuen Frauenberufe" sind somit nichts anderes als die direkte Folge der neuentstandenen „Männerberufe"; gibt es einen Chemiker, Radiologen oder Zahnarzt, so wird es höchstwahrscheinlich auch Assistentinnen für Chemiker, Radiologen oder Zahnärzte geben. Wie schon so häufig in der Vergangenheit „hatten die Frauen das Nachsehen, bekamen, was den Männern nicht gut genug war: die monotonere, untergeordnetere, relativ unqualifiziertere Arbeit".

Zu der Zeit, als das Buch geschrieben wurde, hatte die Schweiz bereits seit geraumer Zeit offiziell die Universitätspforten für Frauen geöffnet, doch Iris fragt sich: „Wo sind heute die Tausende von Ärztinnen, Juristinnen, Architektinnen, Ingenieurinnen, Theologinnen, Chemikerinnen, die Hunderte von Professorinnen, denen die ersten eine Bresche in männliche Berufsgebiete geschlagen haben sollen?" Und sie beantwortet die Frage gleich selbst: „Sie sind nicht zu finden, zum großen Teil nicht einmal als hoffnungsvolle Keimlinge, als Studentinnen."

Die Schweizer hielten sich für sehr fortschrittlich aufgrund der Tatsache, dass die Züricher Universität als erste ihre Pforten für Frauen öffnete, auch wenn der Lehrkörper nach wie vor ausschließlich aus Männern bestand.

> Die Lehrstühle an den Hochschulen sind ihnen praktisch verschlossen. Eher geht ein Kamel durch ein Nadelöhr, als dass eine reichbegabte Akademikerin ordentlicher Professor einer schweizerischen Hochschule wird. Es gibt ihrer kaum ein halbes Dutzend, während der männlichen mehr als ein halbes Tausend sind. Darunter befinden sich auch Ausländer, deren Anzahl rund ein Zehnfaches jener der ordentlichen Professorinnen schweizerischer Nationalität ausmacht. (von Roten 1992, 85)

Iris fasst die Frage praktisch in einem einzigen Satz zusammen: „Offene Hochschulen – verschlossene akademische Berufe". Diese Situation betrifft mehr oder weniger alle Fakultäten, angefangen mit den humanistischen, die, so Iris, die größte Möglichkeit bieten, „schöngeistige Posten in städtischen, kantonalen und eidgenössischen Verwaltungen" zu bekleiden. In den naturwissenschaftlichen Fakultäten sind die Frauen noch weniger präsent, da dies ein Gebiet ist, dass ihnen seit jeher verschlossen war.

> Der Grund liegt auf der Hand. Er ist rein machtpolitischer Natur: die Naturwissenschaft ist die große Waffe des Abendlandes, mit der es seine Vormachtstellung auf der Welt begründen und konsolidieren konnte. Die Naturwissenschaftler haben, wo nicht formell, so doch materiell das Heft in den Händen; sie sind die Gewalt. Also haben die traditionellerweise untergeordneten Frauen auf diesem Gebiete gar nichts zu suchen. (von Roten 1992, 88)

Unter den wenigen Fakultäten, die die freie Ausübung eines Berufes garantieren, sind die medizinische und pharmakologische Fakultät. Es sei jedoch äußerst selten, im Krankenhaus eine Chefärztin zu finden, da im medizinischen Bereich und in Krankenhäusern die Frauen diskriminiert werden. Sie können keine leitenden Stellungen erreichen, da ihnen männliche Kollegen vorgezogen werden. Eine rühmliche Ausnahme stellt der Beruf der Apothekerin dar, die als eine der wenigen Akademikerinnen einen sicheren und mit ihrem Studium verbundenen Arbeitsplatz hat.

Ich schließe diesen Teil über die realen Möglichkeiten, die sich den „Töchtern der Alma Mater" öffnen, mit folgendem Zitat Iris von Rotens: „Die akademischen Berufe bleiben den Frauen mehr oder weniger verschlossen, weil die Männer als Kollektiv die Macht in jedem einzelnen Gebiet nicht mit den Frauen teilen wollen."

Diese lange und sehr detaillierte Analyse der weiblichen Arbeitswelt zeigt mit einer nahezu erbarmungslosen Offenheit, wie Frauen unter größter Anstrengung kämpfen und agieren, um gesellschaftlich in Erscheinung zu treten. Ihre Anpassungsfähigkeit hilft ihnen dabei, zu bestehen und weiter im Spiel zu bleiben. Hierbei berühren wir erneut diesen äußerst wichtigen Punkt, der allen Frauen eigen ist, und die (für sie häufig einzige) Möglichkeit, die Welt zu betreten und an ihr teilzunehmen. Betrachtet man diese Palette der weiblichen Berufe, so scheint das Gefühl der Ungleichheit, das Gefühl, sich außerhalb des herrschenden Systems zu befinden, eine normale Folge zu sein. Die einzige Möglichkeit, ins gesellschaftliche Leben einzutreten und an ihm teilzunehmen, scheint seit jeher darin zu bestehen, die zermürbende und erzwungene Fähigkeit zu entwickeln, sich einer Welt anzupassen, die in ihren Grundsätzen für Frauen unverständlich und fremd bleibt.

Diese Tendenz der Frauen, sich dem vorherrschenden männlichen Vorbild anzupassen, um in das gesellschaftliche Leben einzutreten, nennt Iris „das Ideal des geistigen Neutrums mit der Anpassungsfähigkeit eines Chamäleons". Doch gerade diese „chamäleonartige Anpassungsfähigkeit" ist der Grund für die Kraft- und Antriebslosigkeit, von denen die Frauen seit jeher betroffen sind, und die dafür sorgen, dass sich die Frauen in allen Situationen unwohl fühlen, weil die Ideen, die Motivationen, die Emotionen, die Urteilskriterien und die weiblichen Wünsche weit über das hinausgehen, was die Gesellschaft für Frauen vorsieht und festlegt.

Vermännlichung weiblicher Berufe

Welche Berufe sind eigentlich weiblich? Das soll keine rhetorische oder provokative Frage sein, sondern nur ein Gedankenanstoß, nachdem in den vorangegangenen Kapiteln ein Querschnitt durch nahezu alle Berufsfelder gemacht wurde, zu denen die Frauen und Männer „theoretisch" gleichermaßen Zugang haben. Das erstaunliche Ergebnis dieser Analyse ist die Tatsache, dass bestimmte Tendenzen immer wieder zu Tage treten oder, besser gesagt, dass sich im Laufe der Geschichte genaue mentale Schemata herauskristallisiert haben, die in den Gedankengängen von Männern und Frauen in unserer Gesellschaft zu Automatismen geworden sind. Iris schreibt dazu:

> Damenschneiderin, Modistin, Damencoiffeuse, Weißnäherin, Wäscheschneiderin, Corsetière scheinen Berufe von unumstößlicher „Weiblichkeit" zu sein. Wo man von den „der modernen Frau erschlossenen weiten Gebieten" redet, denkt man daher kaum an sie. Es sieht aus, als hätten die Frauen zum mindesten diese Berufsmöglichkeiten eh und je unbestritten unter ihr Dach gebracht. In Wirklichkeit ist dies nicht immer der Fall. Je nach Opportunität wechselt nämlich die „Weiblichkeit" solcher vermeintlich urweiblicher Betätigungsfelder. (von Roten 1992, 63)

Die Vermännlichung zahlreicher traditionell weiblicher Berufe geschieht immer aus einem einzigen Grunde: Sobald sich eine Tätigkeit als lukrativ erweist, beginnen die Männer sie auszuüben und haften ihr sofort und gezielt die Prädikate „Kompetenz erforderlich" und „prestigeträchtig" an, Merkmale, die natürlich nur sie selbst besitzen und gewähren können. Die Frauen werden automatisch aus ihren Positionen verdrängt; Sie bleiben zwar im gleichen Arbeitsumfeld tätig, doch werden ihnen rangniedrigere Arbeiten zugewiesen, da sie als nicht ausreichend kompetent, nicht konkurrenzfähig, nicht fachmännisch und nicht qualifiziert genug angesehen werden.

Diese Reihe „schmeichelnder" Attribute verwenden Männer seit jeher, um sich zu definieren. Die menschliche Geschichte bietet leider eine Fülle von Beweisen dafür, dass diese Strategie immer dann gezielt angewendet wird, wenn sich die Möglichkeit auftut, „Geld zu machen", also sich zu bereichern oder gesellschaftlich aufzusteigen.

Das sind scheinbar die beiden Hauptziele, die Männer seit jeher verfolgen, im Gegensatz zu Frauen, die scheinbar ganz andere Wünsche hegen oder andere Möglichkeiten nutzen, um sie zu verwirklichen. Die Gewissheit, eine Arbeit zu verrichten, mit der sie sich wohl fühlen sowie das innere Glücksgefühl, das daraus entsteht, die eigene Kreativität ausleben zu können (die alle Frauen besitzen, wenn auch in unterschiedlicher Art und Weise), der Wunsch, eine gerechte und angemessene Entlohnung zu erhalten (ein wichtiger, jedoch nicht entscheidender Punkt bei der Berufswahl), die Flexibilität und die Freiheit für die Organisation der Arbeit – das sind die Kriterien, die den Frauen mehr am Herzen liegen. Diese unterschiedliche Einstellung der beiden Geschlechter gegenüber der Arbeit spiegelt einen fundamentalen Unterschied wieder: Männer und Frauen unterscheiden sich grundlegend voneinander und verfolgen auch bei der Verrichtung der gleichen Arbeiten unterschiedliche Ziele. Iris zeigt uns an zwei Beispielen, wie sich dieser Mechanismus auch bei traditionell weiblichen Berufen, die sich jedoch stark voneinander unterscheiden, nämlich dem der Damenfriseuse und der Hebamme, mit einer gewissen Systematik wiederholt:

Am Punkt, wo der Beruf der Coiffeuse – er ist weibliches Arbeitsfeld infolge der Feinheit der Hantierungen, der Identifikationsmöglichkeiten mit der Kundin und des engen körperlichen Kontakts mit ihr – durch eine gewisse Konzentration luxusfähiger Frauen finanziell ausbaufähig wird, tritt der Mann, der Damencoiffeur, in Szene. Übrigens kommt dieser wiederum als umso feinerer Fachmann vor, je mehr Männer – Herr Kurt, Herr Louis, Herr Ralph – die Frisuren der Damen montieren und je mehr Coiffeusen sich auf das untergeordnete Haarwaschen beschränken müssen. Höhere berufliche Fähigkeiten als ihren Kolleginnen eignen den Coiffeuren gewiss nicht, wohl aber der Anspruch auf höhere Preise. Und die Überschätzung der Fähigkeiten der Männer treibt die Frauen wahrhaftig dazu, sie bereitwillig zu zahlen. Für teueres Geld halten die Kundinnen nicht mehr ihren eigenen Kopf hoch, sondern denjenigen des Imagos ihrer Coiffeure. Im Gegensatz zu diesem merkt jene gute Coiffeuse, welchen Typ ihre Kundin anstrebt. Sie sucht ihm Ausdruck zu schaffen, während der männliche Kollege auf dem Haupt der Kundin gerne Pygmalion spielt." (von Roten 1992, 65)

Iris spricht ebenfalls davon, dass die Frauen dazu neigen, die wahren

Fähigkeiten der Männer zu überschätzen, und davon überzeugt sind, dass die Männer wirklich mehr zu bieten haben, das entscheidende Quäntchen mehr an Professionalität, was eine höhere Entlohnung voll und ganz rechtfertigt. Mit einer erstaunlichen Leichtigkeit oder Gedankenlosigkeit überlassen es Frauen den Männern, Entscheidungen zu treffen, vor allem solche, die ihren eigenen Körper betreffen, angefangen mit einem banalen Beispiel, das aber gleichzeitig von symbolischer Bedeutung ist – der Frisur, der Entscheidung, den „eigenen Kopf", einem Mann anzuvertrauen. Im Anschluss darauf betont Iris eine Besonderheit des Berufes der Damenfriseuse, nämlich die Fähigkeit, sich als Frau mit der Kundin identifizieren zu können und einen engen körperlichen Kontakt mit ihr zu haben. Diese Fähigkeit, sich mit den Kundinnen zu identifizieren sowie die körperliche Nähe zwischen weiblichen Körpern sind zwei bedeutende Elemente, die in der weiblichen Arbeit eine lange Tradition aufweisen, die jedoch im Prozess der Vermännlichung einiger Berufsfelder langsam verlorengegangen sind.

> Man pflegt den Beruf des Geburtshelfers nicht mit demjenigen des Modekünstlers und Friseurs zu vergleichen. Und doch bildet seine Entwicklung als weiterer Anwendungsfall der „Vermännlichung" weiblicher Berufe, sobald sie lukrativer werden, eine interessante Parallele. Hier ergibt sich die „Weiblichkeit" des Berufes aus Identifikationsmöglichkeit mit der Patientin und je nach dem jeweiligen gültigen Maßstab auch aus Schicklichkeitsgründen. (von Roten 1992, 65)

Der Beruf der Geburtshelferin ist ein paradigmatisches Beispiel, das aufzeigt, wie die Frauen im Laufe der zweitausendjährigen Geschichte sogar bei einer Tätigkeit, in der die Männer herzlich wenig zu sagen haben, ungeachtet ihrer Fähigkeiten unverzüglich ihren Platz räumen mussten, um ihn denen zu überlassen, die in dieser Tätigkeit lediglich hervorragende Verdienstmöglichkeiten sahen. Iris erzählt zuerst voller Enthusiasmus und danach etwas zurückhaltender von einer

> [...] hervorragend ausgebildete(n) und Hervorragendes leistende(n) Hebamme. Hervorragend war auch ihre Honorierung. Damit aber war es um die „Weiblichkeit" dieses Berufes geschehen. Die guten Honorare guter Hebammen stachen den Männern so sehr in die Augen, dass sie sich, ungeachtet der Natürlichkeit und Schicklichkeit weiblicher Geburtshilfe, auch an diesen Brotkorb heranmachten [...] Die Hebamme, als Leiterin

der Geburt, wurde zur untergeordneten Gehilfin eines männlichen Geburtshelfers, der fortan ihr altes Arbeitsfeld beherrschte. Damit hatten die Männer sogar im wesenseigenen Bereich der Frau die Macht an sich gerissen und die Mutterschaft zu einem lukrativen Erwerbszweig gemacht. (von Roten 1992, 65-66)

Seit jeher haben Frauen das Wissen besessen und die Kunst erlernt, anderen Frauen während des Geburtsvorgangs zu helfen. Frauen hatten eine Machtposition auf diesem Gebiet und waren als Autorität anerkannt, denn als Frauen wussten sie aus eigener Erfahrung, was sie tun mussten und was die Gebärenden benötigten. Sie genossen hohes Ansehen und wurden großzügig entlohnt, bis zu dem Zeitpunkt, als die Medizin zu einer Wissenschaft wurde. In diesem Augenblick wurden die Frauen vollständig aus der Medizinwissenschaft ausgeschlossen, da ihnen der Zugang zu den Universitäten verwehrt wurde. Auch im Bereich der Geburtshilfe und Frauenheilkunde verlief der grandiose Aufstieg der Figur des Arztes, der gleichzeitig Wissenschaftler war, parallel zum traurigen Prestigeverlust des Hebammenberufes.

Das Wissen der Hebammen, dieses uralte Wissen, das aus praktischer Erfahrung, aus „learning by doing", im Laufe der Jahrhunderte entstanden war, und eine große Kenntnis von Frauen und ihren Problemen voraussetzte, wurde mit einem Schlag durch die Macht der Wissenschaft deklassiert und ihres jahrhundertealten Prestiges und der Autorität beraubt. Die Hebammen erlebten, wie ihre Erfahrung und ihr Wissen immer mehr an den Rand gedrängt und marginalisiert wurden. Sie durften bei dem Geburtsvorgang assistieren und sich nützlich machen, doch vor allem mussten sie sich den Anweisungen des Arztes unterordnen, der die „Operation" leitete.

Mit dem jahrhundertlangen Ausschluss der Frauen von den Universitäten, in denen die Wissenschaft „gemacht" wurde, sorgten die Männer dafür, dass keine nennenswerte Konkurrenz entstehen konnte. Mit diesem Ausschluss der Frauen von dem Wissen verzichteten die Männer (bewusst und unbewusst) auf den Reichtum der weiblichen Erfahrung und des weiblichen Wissens. Die Wissenschaft war nun zu einem männlichen Produkt geworden, und den Frauen wurde erst sehr viel später die Möglichkeit gegeben, daran teilzunehmen, unter der Voraussetzung jedoch, dass sie sich den gegebenen Systemen und Modellen vollkommen anpassen.

Für Iris ist es vollkommen unbegreiflich, wie es möglich war, dass gebärende Frauen, die ja selber entscheiden konnten, ob sie bei der Geburt männliche oder weibliche Geburtshelfer dabeihaben wollten, die männliche Kompetenz und Erfahrung im Bereich der Geburtshilfe und Frauenheilkunde, die sich auf rein wissenschaftliche Kenntnisse begründete, höher einschätzten als das uralte weibliche Wissen, das aus Jahrhunderte langer Erfahrung im Umgang mit dem eigenen Körper entstanden war. Den Prozess des „Sich-von-sich-selbst-Entfernens", den die Frauen durchlebten, beschreibt Iris wie folgt:

> Die bis vor kurzem bestehende Monopolstellung der Männer auf den Gebieten der Gynäkologie und Geburtshilfe und das noch heute vorhandene Übergewicht der Männer auf diesen Arbeitsfeldern bewirkte, dass es nachgerade auch noch zur „Echtweiblichkeit" gehörte, über das Funktionieren dieser Weiblichkeit schlankweg ratlos zu sein und sich dabei männlicher Leistung zu überlassen. Gläubig die Patientin, gelehrig die Hebamme, horchten nun beide auf den gut honorierten Fachmann urweiblicher Natur. Man fand und findet das ganz in Ordnung. (von Roten 1992, 67)

Mit der mächtigen Wissenschaft im Rücken, die allem, was sie berührt, Prestige verleiht und gut vorbereitet durch ihre wissenschaftliche Ausbildung, konnten die Ärzte den Frauen in allen Lebenslagen wissenschaftlich erklären, was in ihrem Körper und in ihrem Leben vorging. Mit dem Licht der Wissenschaft beleuchteten sie die dunklen Momente, die die Pubertät, die Empfängnis, die Schwangerschaft, die Geburt, das Stillen und die Wechseljahre jeder Frau begleiten, und gaben ihnen Ratschläge, wie sie sich „in erotischer, beruflicher und staatsbürgerlicher Hinsicht auch gerade noch" zu verhalten hatten.

Was will das Weib?

Tief in uns drinnen wohnt der Wunsch, als richtige
Frau zu leben, den Dingen des Lebens eng vertraut
zu sein, die Gesten, die Worte und die Taten zu finden, die dem Gefühl in unserem Inneren entsprechen, und der Situation, in der wir leben, in unseren Gedanken, Wünschen und Plänen, den Dingen
auf den Grund zu gehen.
(Sottosopra verde, Januar 1983)

Was will das Weib? Mit diesem Titel für das vorliegende Unterkapi-
tel versuche ich zu erklären, worin das weibliche Begehren besteht.
Was will eigentlich das Weib? Es ist mir bewusst, welch enorme
Anzahl an weiblichen Wünschen sich in unserer Geschichte ange-
sammelt haben, und ich glaube, es wird in der Tat ein riesiges Unterfangen, sie auf diesen Seiten alle aufzuführen. Denn es ist ein allum-
fassendes Begehren.

Ich werde die Überlegungen Iris von Rotens über die Bedeutung
der Arbeit für die Frau von ihrem geschichtlich-geographischen Kontext, der Schweiz der 50er Jahre, loslösen, um sie im Zusammenhang
mit zahlreichen anderen Überlegungen verschiedener Denkerinnen
der Theorie der Geschlechterdifferenz zu betrachten.

Meine Überlegungen beginnen mit dem großen Akt der Freiheit
gegenüber sich selbst, der möglich ist, wenn eine materielle und symbolische Unabhängigkeit von einem Mann besteht. Virginia Woolf,
die überragende Figur der Weltliteratur und große Vertreterin der
Theorie der Geschlechterdifferenz, spricht in diesem Zusammenhang
von „dem Recht, seinen Lebensunterhalt selbst zu verdienen". Das
„einzige Recht von höchster Bedeutung" ist für sie die Möglichkeit,
sein Leben zu führen, ohne materiell von irgendeiner anderen Person
abhängig zu sein, wer immer das auch sein mag. In dem Buch „Die
drei Guineen", das Luisa Muraro als den ersten „Text der Ge-

schlechterdifferenz" ansieht, schreibt Virginia: „[...] denn das einzige Recht von höchster Bedeutung für alle menschlichen Wesen ist bereits errungen wurden. Das Recht, den eigenen Lebensunterhalt selbst zu verdienen, kann ihnen nicht mehr genommen werden."[1]

Das bedeutet, die Grundbedingung, das, worauf alles andere beruht, ist die materielle Unabhängigkeit. Nur die Arbeit kann die materielle Unabhängigkeit ermöglichen, und aus diesem Grunde nennt Iris, die sich der absoluten Bedeutung der Arbeit bewusst ist, diese Arbeit ein „Lebenselixier", denn sie „[...] sorgt geistig und wirtschaftlich dafür, dass wir (Frauen) unser Leben leben".

Mit ihrer unendlichen Phantasie gibt uns Iris einige wunderschöne Definitionen und Bilder über die Arbeit und über ihren positiven Einfluss auf die Person, die sie ausführt. Ich möchte an dieser Stelle eine dieser Definitionen anfügen, die meiner Meinung nach treffend dieses Gefühl der Zufriedenheit und des Glücks wiedergibt, das die Frauen empfinden, wenn sie eine Arbeit verrichten, die ihrem Wesen entspricht, dieses Gefühl, in sich selbst zu ruhen, das sie geistig und materiell frei und unabhängig macht, dieses wunderbare Gefühl, das sie empfinden, wenn sie sich ein unabhängiges Dasein aufbauen und dieses Dasein mit Sinn füllen. Iris zieht hier eine Parallele und vergleicht die Leidenschaft der Liebe und Erotik mit der Leidenschaft, die eine mit Freude ausgeführte Arbeit bietet. Sie gibt zu, die ersten seien sicherlich intensiver, doch ...

> das Glücksgefühl dagegen, das angemessene Berufsarbeit begleitet, ist zwar weniger exaltiert, gibt aber die Empfindung von Kraft und Wärme bis in die Fingerspitzen und ist dauerhafter. Denn mit fünfzig, sechzig und siebzig Jahren kann man sich noch mit derselben Passion auf die Berufstätigkeit werfen wie mit zwanzig (von Roten 1992, 144)

Und sie schließt mit den Worten: „die Arbeit aktiviert unser Wesen am stärksten, sie ist das Element, in dem man sich am liebsten tummelt."

Im Kapitel „Vermännlichung weiblicher Berufe" betont Iris die Tendenz, das weibliche Berufe immer mehr maskulinisiert werden – eine Tendenz, die seit der Geburtsstunde der Wissenschaft noch größere Ausmaße angenommen hat. An diesen Gedanken knüpfe ich die Überlegung der Diotima-Gruppe, erschienen in dem Buch *Der Mensch ist zwei. Das Denken der Geschlechterdifferenz,* in dem die Grundgedanken der Theorie der Differenz dargelegt sind:

Wenn eine Erkenntnisform gesellschaftliche Anerkennung findet und zum Modell für andere Formen der Erkenntnis wird, lässt sich historisch beobachten, dass sie dazu neigt, das Weibliche auszuschließen, indem sie sowohl den Zugang der Frauen behindert als auch durch ihre Selbstdarstellung als Wissenschaft.[2]

Ein paradigmatisches Beispiel für diesen Ausschluss ist, wie bereits erwähnt, der Beruf der Hebamme, der Jahrhunderte lang hochangesehen war und auch immer gerecht entlohnt wurde. Immer dann, wenn durch eine Arbeit oder eine Situation Geld verdient werden kann und Männer die Möglichkeit wittern, daraus finanzielle Vorteile zu ziehen, werden die Frauen automatisch vom Spiel ausgeschlossen, sagt Iris, und die Geschichte gibt ihr Recht. Zu diesem Zweck wird eine ganze Reihe von einstudierten Strategien angewandt, um die potentielle weibliche Konkurrenz „unschädlich zu machen". Die moderne Wissenschaft hat dieser unehrenhaften Praktik, seinen Lebensunterhalt auf Kosten der Frauen zu verdienen, sozusagen den offiziellen Segen gegeben. Ebenfalls führte die moderne Wissenschaft dazu, dass die männliche Sicht der Welt zur Norm wurde, was eine zum Teil zerstörerische Wirkung hatte. All das, was von dieser männlichen Sichtweise abwich, musste dieser angepasst werden und sich in ihr wiederspiegeln. Diese Bemühung, sich an männliche Vorbilder und Sichtweisen anzupassen, die das Weibliche unberücksichtigt lassen, ist die aufwendigste, längste, erbarmungsloseste und primitivste, die das weibliche Wesen jemals am eigenen Leib erfahren hat.

Parallel zu der Vermännlichung der, wohlbemerkt gutbezahlten, weiblichen Berufe erleben wir die Entwertung einiger Berufe, die als wenig interessant gelten, da sie kein hohes gesellschaftliches Ansehen genießen oder keine Aufstiegsmöglichkeiten bieten. Dabei geht es vor allem um Berufe im sozialen Bereich, etwa solche in den Bereichen Erziehung, Pflege und menschliche Solidarität, die fast immer von Frauen verrichtet werden

Wie auch Luce Irigaray bemerkt, ist die Arbeit in diesen Gebieten in unserer Kultur unterbezahlt und unterbewertet. Irigaray stellt eine bisher unbekannte Überlegung zu diesen „marginalisierten" und von der Politik ignorierten Tätigkeiten an, die ich an dieser Stelle aufnehmen möchte:

Häufig richtet sich die Aufmerksamkeit der Politiker auf die Fabrikarbeiter, doch höre ich sie selten auch von den Sozialarbeiterinnen sprechen, die in den Schulküchen das Essen zubereiten, die Schulklassen putzen oder Kranke zu Hause pflegen. Und all das häufig für einen Hungerlohn und vor allem ohne gesellschaftliche Anerkennung.[3]

Es scheint mir, dass die Bedeutung dieser sozialen Berufe, wie die der Krankenschwester, Kindergärtnerin, Lehrerin, Sozialarbeiterin usw., die von allergrößter Bedeutung sind, jedoch gesellschaftlich nicht in Erscheinung treten, in unserer Kultur weder anerkannt noch verstanden wird. Es fehlt der Wille, in diese Gebiete finanzielle Mittel oder Ideen zu investieren, denn sie besitzen weder mächtige Lobbys, noch bieten sie Möglichkeiten zur finanziellen Bereicherung. Wie können Berufe, die nicht als wichtig angesehen und anerkannt werden, im Bewusstsein der Menschen an Wert gewinnen? Bei diesen Berufen geht es um eine andere Art von Investitionen; Es geht darum, in die Zukunft zu investieren, in die Gesundheit oder die Ausbildung der Kinder. Doch für die Welt der Wirtschaft scheint das nicht besonders attraktiv zu sein.

Das, was Iris damals einfach „die gleiche Chance haben" nannte, ist auch heute noch ein hochaktuelles Thema, das wir unter dem Namen „Chancengleichheit" kennen. Für Irigaray würde dies bedeuten, „diese weiblichen Berufe aufzuwerten, und zwar wirtschaftlich und kulturell", aber auch „neue Bereiche in der Arbeitswelt schaffen, Bereiche, die den Frauen entgegenkommen, im Hinblick auf ihre Wünsche, ihre ethischen Entscheidungen sowie ihre körperlichen und familiären Möglichkeiten."[4]

Wie auch Iris von Roten betont Luce Irigaray, dass die soziale Ordnung, wie wir sie seit Jahrhunderten kennen, eine patriarchalische ist, eine Gesellschaft, die von Männern geschaffen wurde, in der die Männer unter sich sind und sich dabei gut aufgehoben fühlen. Die Frau, so Irigaray, ist in dieser Gesellschaft „ein Gut von jedermann und von allen, ein natürliches Gut und ein häusliches Gut", und sie rät den Frauen „ein objektives Identitätsmodell zu entwerfen, das ihnen ermöglicht, sich als Frauen zu definieren und nicht nur als Mütter, und auch nicht als gleich in den Beziehungen zu den Männern."[5]

Um eine neuartige Beziehung zu den Männern herzustellen, benötigen wir eine andere Sprache, die Frauen wiederspiegelt, und sich nicht damit begnügt, sie nur zu definieren, wie die männliche Sprache es tut. Ich zitiere an dieser Stelle eine weitere Passage aus dem Buch *Der Mensch ist zwei*, die meiner Meinung nach treffend die Tendenz der männlichen Sprache ausdrückt, alles definieren zu wollen. Ich denke dabei vor allem an das Kapitel „Unergötzliches Panorama der weiblichen Berufstätigkeit in der Schweiz" aus dem Buch *Frauen im Laufgitter,* in dem die Bezeichnungen „Serviertochter, Bürofräulein, Waschfrau" usw. genannt werden. Dazu Adriana Cavarero aus der Diotima-Gruppe:

> In der alltäglichen Erfahrung der Frau herrscht tatsächlich ein Gefühl der Unvollständigkeit, das Hand in Hand geht mit der dringenden Notwendigkeit, eine Leere „auszufüllen", um zu einer Ergänzung zu gelangen, zu einer Identität, die damit zusammenfiele, dass die Frau alle Rollen, die es zu spielen galt, zu Ende gespielt hätte, bis sie der Totalität der Darstellungen des Weiblichen, die in der Sprache vorhanden sind, entspräche.[6]

Und weiter: „Das Wesen der Frau besteht also in der Zuschreibung vieler unwesentlicher Darstellungen: diese sind nämlich nicht wesentlich, wenn sie unvereinbar sind".

Iris nennt uns eine Fülle von Beispielen für die Darstellung des Weiblichen und wie das Weibliche von anderen betrachtet und definiert wird. Möchte eine Frau sich selbst betrachten und definieren, ist sie auch hier zur Anpassung gezwungen, sie muss sich der Worte und der Definitionen eines anderen bedienen. Hierin besteht die Begrenztheit unserer Sprache, die die Frauen nicht mit einschließt und sie nicht wiederspiegelt, sondern sie lediglich definiert und klassifiziert.

Zum Abschluss dieses Kapitels möchte ich versuchen, auf die Frage „Was will das Weib?" zu antworten, mit der ich das Kapitel begonnen habe. Die Antwort auf diese Frage bietet mir Luisa Muraro, die von einem großen und bedeutenden weiblichen Begehren spricht, das jedoch schwer zu erfüllen ist.

> Es scheint, als ob es erwacht ist und sich auf der gesamten Welt ausbreitet – das weibliche Begehren nach einer unabhängigen Existenz und einem Protagonismus, der nicht als Überlegenheit gegenüber der Umwelt zu verstehen ist, sondern als Beschreiten des eigenen Lebens in erster Person und als Fähigkeit, dem eigenen Leben einen Sinn zu verleihen. Dieses können wir die Verwirklichung der weiblichen Freiheit nennen.[7]

Nur die Verwirklichung der weiblichen Freiheit ermöglicht die Entfaltung eines grenzenlosen Begehrens.

IV.

„Die Luft der Freiheit" atmen und über das „Ausgehen von sich selbst" reflektieren

„Where is husband, husband?"
Oder: Iris von Rotens „Ausgehen von sich selbst". Um wohin zu gehen? „Vom Bosporus bis zum Euphrat"

An den Anfang dieses Kapitels stelle ich einige Überlegungen zur Handlung des „Ausgehens von sich selbst", und während ich im Geiste das Leben von Iris von Roten Revue passieren lasse, wird mir bewusst, dass diese Handlung, diese Liebe zur konkreten Erfahrung, ohne jeden Zweifel das „Leitmotiv" ihres gesamten Lebens war. Und zwar bereits in sehr jungen Jahren.

Iris war auf der Grundlage ihrer eigenen Erfahrungen begeistert und erfolgreich auf der Suche nach immer neuen Wegen,. Mehr noch war sie begeistert von dem Spiel, „sich nicht dort finden zu lassen", wo die anderen sie erwarteten. Dieses nicht immer leichte Verhalten ist durchweg ihr Lieblingsverhalten gewesen, weil es Freiheit schenkt.

Bevor ich einige Überlegungen zu der Handlung des „Ausgehens von sich selbst" anstelle, das sich als Konstante durch das gesamte Leben von Iris von Roten zieht und in ihrer Türkei-Reise am deutlichsten zum Ausdruck kommt, möchte ich in kurzen Zügen die persönliche Situation der Autorin zu dem Zeitpunkt schildern, als sie die Reise in den Mittleren Osten vorbereitet, um „mit eigenen Augen zu sehen, mit eigenen Ohren zu hören". Die Beleuchtung dieser Situation scheint mir sehr wichtig, um nachvollziehen zu können, weshalb die Handlung des „Ausgehens von sich selbst" immer aus zwei Momenten zusammengesetzt ist.

Des Weiteren möchte ich das Buch *Vom Bosporus bis zum Euphrat. Eine Reise durch die Türkei* näher vorstellen, dass kein Essay ist wie *Frauen im Laufgitter*, sondern ein Reisebericht. Ich möchte dabei nicht nur den Inhalt des Buches vorstellen, sondern vor allem die Zeichen des „Ausgehen von sich selbst" aufzeigen, das eine Art roten Faden darstellt und an und für sich unverwechselbar ist, aber die

Grenzen zwischen dem Leben und dem Werk Iris von Rotens verwischt.

Ich mache an dieser Stelle einen kurzen Exkurs und möchte daran erinnern, dass die Schweiz, dieses so pazifistische, reiche, kapitalistische und patriarchalisch konservative Land, neben anderen Traditionen auch eine sehr schöne Tradition pflegte, nämlich die der bedeutenden Frauen, die auf eigene Faust fremde Länder bereisten.

Diese Tatsache ist umso bedeutender, wenn man den Kontext der damaligen Schweiz berücksichtigt, die für männliche bzw. weibliche „Outsider" und Globetrotter nicht viel übrig hatte. Bedeutende Schweizerinnen, die vor Iris fremde Länder bereisten, waren etwa Lisa Bögli, Freya Stark, Ella Maillart und Annemarie Schwarzenbach. Sie fühlten sich alle drei vom Orient angezogen, waren auf ihren Reisen mehr oder weniger alleine unterwegs und hinterließen uns Reiseberichte und Bücher von hervorragender Qualität. Mit ihrem Buch *Vom Bosporus bis zum Euphrat*, das im Jahre 1965 veröffentlicht wurde, gehört Iris von Roten zur nächsten Generation der schweizer Schriftstellerinnen, die ferne Länder bereisten; die drei obengenannten wurden am Anfang des zwanzigsten Jahrhunderts geboren und ihre Reisen fielen in die Jahre unmittelbar vor Beginn des Zweiten Weltkrieges.

Ein Aspekt, den ich an dieser Stelle im Zusammenhang mit meiner Überlegung zum „Ausgehen von sich selbst" erneut betonen möchte, ist das Bewusstsein, einer weiblichen Genealogie anzugehören, d.h. in eine reiche weibliche Geschichte eingebettet zu sein. Dieses Wissen allein trägt seine Früchte, die zwar manchmal etwas abstrakt sein können, doch von essenzieller Bedeutung sind. Dieses Wissen verleiht Frauen Kraft und Sicherheit, das Bewusstsein, nicht alleine zu sein, das Wissen, dass schon eine Frau vor ihnen diesen oder einen ähnlichen Weg gegangen ist, die Geborgenheit, sich als einen Teil der weiblichen Geschichte zu wissen. Auf dem Gebiet des Reisens kann die Schweiz eine beachtenswerte Genealogie von Frauen aufweisen, und Iris findet hier einen reichhaltigen Background an Wünschen, Erwartungen, Freuden, Ideen und Erfahrungen, die sie mit ihren berühmten Vorgängerinnen teilen konnte.

Was die Wünsche und Absichten angeht, die Iris dazu bewegten, zu Anfang der 60er Jahre in ihrem Fiat 600 eine Reise vom Bosporus bis hin zum Euphrat zu unternehmen, so war es, glaube ich, der Drang nach einem Neuanfang, der Wunsch, wieder aktiv zu sein, und vielleicht auch wieder zu schreiben.

Zu ihrer Orient-Reise bricht Iris gegen Ende Mai 1960 auf, doch bereits vorher, gleich im Anschluss an den vollständigen Verriss ihrer Person und des Boykotts ihres ersten Werks *Frauen im Laufgitter* im Jahre 1958 seitens des Publikums und der schweizer Institutionen, bereitet sie sich im Geiste auf ihre Reise vor.

Iris ist zu diesem Zeitpunkt seelisch stark angeschlagen; Nachdem sie zehn Jahre ihres Lebens dafür geopfert hat, auf der Basis ihrer eigenen Erfahrungen in einer männlichen Welt ein Buch über Frauen zu verfassen, fühlt sie sich nun angegriffen, verspottet, beschuldigt (ausgerechnet der Pornographie!) und sowohl von der Presse als auch von der Öffentlichkeit des ganzen Landes ins Visier genommen. Diese Angriffe sind größtenteils haltlos und richten sich gegen sie als öffentliche Person. Daneben ereignet sich eine Reihe sehr unangenehmer, diskriminierender Vorfälle, in denen sie als „Hauptschuldige" gilt. Die Tatsache, dass sie es als Frau, Journalistin und promovierte Juristin wagte, die herrschende Ordnung öffentlich anzugreifen, hat ihre Situation als öffentliche Person bestimmt nicht erleichtert. Was Iris verletzt, ist die Tatsache, dass die Kritik, die ihr entgegengebracht wird, nicht auf einem bewusstem Urteil beruht, das nach der Lektüre ihres Werkes getroffen wurde, denn der überwiegende Teil der Kritiker hat sich noch nicht einmal die Mühe gemacht, das Buch zu öffnen und auch nur eine der sechshundert Seiten zu lesen. Die Anschuldigungen und Verrisse sind daher eine Folge von Vorurteilen, auf der Grundlage des „Hörensagens" über das Buch entstanden. Die Kritiken, die dem Buch entgegengebracht werden, sind so verletzend, die darauffolgenden Polemiken so bösartig, die Feindseligkeit ihr gegenüber so deutlich spürbar, dass Iris beschließt, sich körperlich und geistig aus diesem feindlichen Klima, das in der Schweiz herrschte, zu entfernen. Vor allem beschließt sie sich aus dem öffentlichen Leben zurückzuziehen und sich vorerst auch nicht mehr aktiv für die für sie sehr wichtige Frauenfrage einzusetzen. In dieser Situation vollzieht Iris, gestärkt durch das Bewusstsein, ein Werk von großem Wert vollbracht zu haben, in dem sie alles gesagt hatte, was es zu sagen gab, eine wundervolle Geste: Bewusst beschließt sie, die Angriffe nicht zu beantworten, beschließt, keinerlei Erklärungen geben zu müssen oder zu wollen, und denkt nicht daran, sich vor den Angreifern zu rechtfertigen. Mit diesem Zug, das „Spielfeld zu verlassen" und die Logik von Angriff und (legitimer) Verteidigung zu verweigern, beweist Iris großen Respekt sich selbst gegenüber und wählt für sich selbst die Freiheit. Was sie fühlt, neben einer verständlichen Enttäuschung und einer begründeten Verbitterung, kann in einem einzigen Satz zusammengefasst werden, einer Redewendung, von der Iris im Gespräch mit engen Freunden Gebrauch macht. Sie lautet: „Ich habe keine Lust mehr, weiterhin Perlen vor die Säue zu werfen" und bedarf keinen weiteren Kommentars.

Die Abkehr von der Schweiz und den Schweizern, die sie so tief verletzt haben, auch wenn Iris sich nicht als Opfer fühlen möchte, lassen in ihr die Idee heranreifen, eine Reise in den Nahen Osten zu unternehmen, um Material für einen Reisebericht zusammenzutragen, der dann in Buchform erscheinen soll. Die Abkehr von ihrem Land und den Dingen, die sie bisher beschäftigt haben, und der Wunsch, etwas Neues zu beginnen, sich auf einem neuen Gebiet zu betätigen und wichtige persönliche Erfahrungen zu machen – das sind die beiden untrennbar miteinander verbundenen Aspekte des „Ausgehens von sich selbst".

Die Inspiration und der Anstoß, die Iris veranlasst haben, sich ins Auto zu setzen, um diese uralten Kulturen zu besuchen, war ihr Wunsch, diese Orte bedeutender Vergangenheit selbst zu erkunden, zu erfühlen, und die dortigen Menschen, Männer und Frauen, aus ihrer eigenen Erfahrung als Frau heraus verstehen zu lernen. Das „Ausgehen von sich selbst", das in diesem besonderen Fall ein wirkliches „Aus-Gehen" ist, eine Reise, die auch rein körperlich einen Ortswechsel mit einbezieht, enthüllt viel von dieser urweiblichen Neigung zu einer konkreten Erfahrung in der Gegenwart. Aus dieser Perspektive und mit dieser Leidenschaft für das Konkrete lebt Iris sechs Monate lang zwischen Anatolien, Syrien, dem Libanon und Griechenland und entwickelt für ihr zukünftiges Buch eine sehr wirksame Formel, um ihre persönlichen Erlebnisse schriftlich auszudrücken, ohne das diese an Lebendigkeit verlieren. Iris macht sich die Technik des Anekdote-Schreibens zu eigen und erzählt persönliche Episoden und Situationen aus ihren reichhaltigen Reise-erfahrungen.

Auf ihren Reisen ist Iris allein; Für sie bedeutet „reisen" immer „alleine reisen", ohne jegliche Begleitung. Dies wird sich als Kon-stante durch ihr Leben als große Reisende ziehen, auch im fortge-schrittenen Alter. Das bedeutet jedoch nicht, dass sie nicht auch Reisen in Begleitung ihrer Tochter, ihrer Freunde oder ihres Ehe-mannes unternommen hätte (um die Frage „husband, husband?" Lüge zu strafen, die sie in der Türkei bei jeder Ankunft in eine neue Stadt oder beim Betreten eines Lokals beantworten musste). Die Reisen, die sie in Begleitung anderer Personen unternommen hatte, betrachtete Iris jedoch als Ausflüge, Besuche oder Vergnügungsrei-sen. Eine Reise beinhaltet für Iris immer diesen Aspekt des „Ausge-hens von sich selbst", dessen Grundvoraussetzung es ist, „alleine, für sich alleine aufzubrechen". Wenn es darum geht, sich selbst oder einen Teil von sich in Frage zu stellen, sich von etwas oder von je-mandem abzunabeln, um einen Neuanfang zu finden, wenn es darum geht, den Sinn des Lebens wiederzufinden und dem Gefühl der Ent-fremdung von der Welt entgegenzuwirken, dann kann es nur einen richtigen Reisebegleiter geben, nämlich die eigene Person.

Niemand ist in der Lage, für uns zu denken und zu entscheiden, niemand kann unsere Gefühle und unsere intimsten Widersprüche nachvollziehen und sie für uns interpretieren, und aus diesem Grunde ist im „Ausgehen von sich selbst" die Begleitung einer anderen Per-son überflüssig.

Ich erinnere daran, dass Iris bereits als Jungverheiratete eine Al-leinreise in die Vereinigten Staaten unternahm, um sich über das Leben dort zu informieren, weil sie für sich und ihren Ehemann die Möglichkeit einer Umsiedlung in die USA in Betracht gezogen hatte. Dazu kommt es nicht, doch der Aufenthalt in den USA wird wegen der persönlichen Erfahrung, wegen des „Mit eigenen Augen gesehen haben", einen starken Einfluss auf ihr Leben als Frau und Schriftstel-lerin ausüben. Auch im fortgeschrittenen Alter wird Iris der Idee, oder vielleicht dem Bedürfnis, treu bleiben, sich alleine auf Reisen zu begeben. Wenn immer dies möglich ist, reist sie in ihrem Fiat 600. Dieses Auto, das in den 60er Jahren nicht jedem zugänglich war, gilt als ein wahres Statussymbol und wird für Iris sozusagen zu einer

„Conditio sine qua non" für ihre Reise, das ideale Verkehrsmittel, um mobil zu sein und Grenzen hinter sich zu lassen. Das bezieht sich nicht nur auf die konkreten geographischen Grenzen, sondern bietet ihr vor allem die Möglichkeit, „on the road" zu sein. Das Auto ist ein Symbol für die Unabhängigkeit, die jedes Mal anders erlebt werden kann.

Die Erzählung von ihrer Reise beginnt mit einer ganz konkreten Frage, die Iris sich am Morgen sofort nach dem Aufwachen in einem anatolischen Hotel stellt und die nicht etwa lautet „Was mache ich heute?", sondern „Wie komme ich an ein Frühstück?". Iris zeigt uns, wie eine im Alltag ganz gewöhnliche Situation oder Frage in einem anderen Kontext zu unglaublichen Komplikationen und Verwirrungen führen kann. Wir erfahren, dass ein Frühstück in der Türkei nur in Luxus-Hotels serviert wird, während es in allen anderen Gang und Gebe ist, sich als Gast selbst darum zu kümmern. Ihre Unkenntnis dieser „netten" örtlichen Gegebenheiten ermöglicht es ihr, sich bereits am allerersten Morgen auf anatolischem Boden mitten in die türkische Realität zu stürzen, und dieses Konkrete zu erfahren, ohne das selbst die Befriedigung elementarster Bedürfnisse, wie z.B. ein Frühstück, nicht gesichert wäre.

Mit einer guten Portion „Erfindungsgeist" bewaffnet und mit sich im Klaren, was sie zum Frühstück haben möchte, nämlich eine Tasse Kaffee und ein Stück Kuchen, macht sich Iris auf die Jagd nach ihrer „Beute", denn sie hat nach einem kurzen Augenblick der Verwirrung begriffen, wie es funktioniert: das Frühstück wird selbst „organisiert" und „zusammengewürfelt"; sie kann lange warten, wenn sie es in gewohnter Manier serviert bekommen möchte. Das Schöne dabei ist genau dieses Konkrete, die selbst erlebte Situation, die sie einerseits zwingt, sich mit einfachsten Gesten und Handlungen einen Kaffee oder ein Stück Kuchen zu erkämpfen, es ihr jedoch andererseits ermöglicht, das Unbekannte kennen zu lernen, über das Gewohnte hinaus zu gehen, das weniger Greifbare zu beobachten und darüber nachzudenken. Genauer wird dieser Gedanke durch folgende Passage des Buches, die die oben erwähnte Situation beschreibt und Iris zu einigen Überlegungen verleitet. Die Szene ist filmreif und spielt in einem verrauchten Café mit vielen männlichen Gästen.

Nichts Einfacheres also, als in einem Café Tee zu bestellen und dazu den mitgebrachten Cake zu verspeisen. Aber es gibt überall ungeschriebene Gesetze; und in der Türkei lautet eines: Nie betritt eine Frau ein Café, nicht in Gesellschaft und schon gar nicht allein. Das Bedürfnis, endlich meinen Cake mit Tee zu einem Frühstück zu ergänzen, aber auch die Lust am feministischen Experimentieren, veranlassen mich schließlich, mir beim nächsten der überfüllten Cafés einen Weg zum einzig leeren Stuhl zu bahnen.[...] „Dieses Lokal ist nur für Männer", wird mir gleich von zwei Burschen am nächsten Tisch gesagt – das einzige Mal während meinen Hunderten von Café-Besuchen. – „Ach was, ich möchte Tee trinken und dieses Stück Cake dazu essen; im übrigen zerbreche ich mir den Kopf darüber, wie die Türken frühstücken." – Kaum habe ich meinen Satz beendet, so stehen plötzlich drei leere Tische vor mir, und auf jedem zwei – geschenkte – Gläschen Tee. (von Roten 1993, 11-12)

Iris bemerkt hierzu, dass die wenigen Touristinnen, die alleine durch die Türkei reisen, nicht als Frauen angesehen werden, sondern als „andersartige" Wesen, undefinierbar und höchst selten, so dass ihr Auftauchen in einem verlorenen Provinzstädtchen oder –dorf immer ein besonderes Ereignis ist. In all den Monaten während ihrer Reise traf sie nur eine einzige Frau hinterm Steuer, eine Amerikanerin, die mit einem Türken verheiratet war, doch keine Türkin, und das führt Iris auf den „Haremsgeist" zurück, der zufolge:

[...] kein Ehemann seiner Frau die Erlaubnis gibt, ein fremdes Land allein zu bereisen, aber ebenso wenig eine Frau, die keinen Mann besitzt, sich in einer Männerwelt exponiert, was bereits ihr Umherreisen im eigenen, geschweige denn im fremden Land bedeutet. (von Roten 1993, 183)

Vom „Haremgeist" spricht Iris sehr häufig, auch indirekt, denn er ist in der Türkei überall präsent und übt einen entscheidenden Einfluss auf alle Aspekte des gesellschaftlichen Lebens aus. Im Gegensatz zu dem Ruf, der ihm vorauseilt, ist der Harem, so Iris, kein Ort „überschäumender Erotik", sondern im Gegenteil, und das mag paradox erscheinen, von einem „ausgeprägten Puritanismus". Die gesamte gesellschaftliche Ordnung scheint auf drei Grundaxiomen zu beruhen, die in ihrer Willkür eine perfekte Logik beinhalten und wie folgt zu verstehen sind:

Die menschliche Gesellschaft ist eine Gesellschaft von Männern; die Frau ist nicht Subjekt, sondern Objekt, ein Teil des männlichen Geschlechtslebens; die sexuelle Beziehung selbst ist im weitesten Sinn tabu, das heißt, sie darf so wenig wie möglich in den Gesichtskreis Dritter treten. (von Roten 1993, 173)

Iris bestätigt, der Platz der Frau in dieser Region sei im „Tresor des Ehemannes", wo sie vor den Blicken anderer Männer geschützt ist. Da jedoch der Inhalt dieses Tresors eine Person ist, so dient als Tresor die Wohnung, oder ein Teil des Hauses, in dem Ehefrauen, Töchter, Witwen und Ehefrauen anderer Männer leben. Die Ehre dieser Frauen wird von der Familie der Ehemänner verteidigt, sogar über ihren Tod hinaus.

Der Harem ist also der Teil des Hauses, der fremden Besuchern verschlossen ist und in dem sich nur die dort lebenden Frauen frei bewegen können. Während ihres Aufenthaltes in einer kleinen Familienpension bemerkt Iris, dass sich im Garten ein kleines Haus mit zwei Zimmern befindet, in dem die Ehefrau, die Mutter, die heranwachsende Tochter und eine kleine fünfjährige Tochter leben. Die Pension wird von Männern geführt, und die Frauen begeben sich nicht mal für einen kurzen Augenblick in diese Welt hinein, nur das kleine Mädchen hüpft hin und her zwischen den beiden Welten, die durch eine unsichtbare, seit Jahrhunderten gültige Grenze voneinander getrennt sind. Auch bei den folgenden, ungefähr einhundertfünfzig Übernachtungen in diversen Hotels in der Türkei sieht Iris ausschließlich männliche Gäste und keine einzige Frau, so dass sie sich fragt, wo denn die türkischen Frauen übernachten, wenn sie auf Reisen sind. Auch hier bietet der Harem die Lösung und beherbergt weibliche Familienmitglieder und Freundinnen, doch vor allem bietet er den männlichen Familienmitgliedern, den Ehemännern, Brüdern, Vätern und Söhnen die Sicherheit, nicht um die „Familienehre" bangen zu müssen. Wie man sieht, beeinflusst der Haremgeist jeden Bereich des Lebens, und Iris weiß, dass sie uns nichts Neues sagt, wenn sie uns darauf aufmerksam macht, dass die menschliche Gesellschaft, wenn es um den in der Öffentlichkeit sichtbaren Teil geht, eine männliche Gesellschaft ist. Immer von ihrer eigenen, persönlichen Erfahrung ausgehend, die sie „unterwegs" gemacht hat, bemerkt Iris zum Beispiel, dass das Leben auf der Straße, die Geschäftswelt, die Handelswelt, die Verkehrswelt, alles vorwiegend ein männliches Szenario ist. Überall wimmelt es von Männern, während Frauen maximal ein Drittel der Menschenmenge auf der Straße ausmachen und in jeder Art von Bars und Lokalen überhaupt nicht zu sehen sind.

Jeder Mann scheint den andern gern zu haben und ohne Frauen restlos glücklich zu sein. Auffallend ist die Zärtlichkeit, die Männer einander entgegenbringen; nicht etwa abwegige, sondern die freundschaftliche Ausdrucksform eines Verhältnisses von Bruder zu Bruder. Arm in Arm spaziert man nicht mit seiner Frau, sondern gelegentlich mit einem Freund. Auch Hand in Hand – ja selbst mit ineinander geschlungenen kleinen Fingern. Abgesehen von familiären Banden, wirkt jeder geformtere menschliche Kontakt als ein Band unter Männern. Sie bilden die Gesellschaft der Menschen. Die Frauen gehören nicht dazu. (von Roten 1993, 173-174)

Somit überrascht es auch nicht, dass die Männer, die sich als die einzigen Weltbewohner erachten und ihr Geschlecht für das universelle Menschengeschlecht halten, „natürliche" Beziehungen untereinander pflegen, unter Männern, unter ihresgleichen. Diese Beziehungen werden bei jeder Gelegenheit und überall geknüpft, gepflegt und vertieft: auf der Straße, in der Bar, am Strand, an jedem beliebigen Ort in der Öffentlichkeit, an dem ein Treffen möglich ist. Das, was hinter verschlossenen Türen des Hauses geschieht, dem einzigen Ort, der ein Treffen mit dem anderen Geschlecht ermöglicht, ist nicht nur etwas Privates, sondern ein Tabu, etwas, über das nicht gesprochen wird.

Ich möchte an dieser Stelle eine Frage näher beleuchten, die in gebrochenem Englisch immer und immer wieder während ihrer Türkei-Reise an Iris gerichtet wird. Es ist die Frage nach ihrem Ehemann, denn für die damals herrschende Mentalität in der Türkei war es undenkbar, dass eine Frau alleine eine Reise unternimmt, ohne die Begleitung des Ehemannes, des „husband", „Monsieur" oder eines anderen männlichen Begleiters. Die Antwort auf diese Frage ist ein deutliches Beispiel für das „Sich nicht finden lassen", die Öffentlichkeit oder den Gesprächspartner durcheinander zu bringen, der durch die völlig unbegreifliche Situation vollkommen verwirrt ist. Die Antwort, die für so viel Wirbel und manchmal auch Unmut sorgt, lautet: „Jawohl, ich bin allein." Und mit erhobenen Daumen, der die Zahl „eins" andeuten soll, um das Gesagte zu verdeutlichen, fügt Iris hinzu: „Allein, eine einzige Person! Eins! Bir! Bir!" Spricht jemand von den Anwesenden Deutsch, sagt sie: „Kein Ehemann, kein Bruder, kein Vater, kein Sohn, kein Großvater, kein Enkel, kein Onkel und Neffe, niemand begleitet mich. Auch befindet sich keine derartige

Persönlichkeit in meinem Gepäck, noch folgt sie mir in einem anderen Wagen."

Diese Frage wird Iris „nicht nur von einfachen, sondern auch von gebildeten Leuten gestellt", in den phantasievollsten Formulierungen und den unerwartetsten und unterschiedlichsten Situationen, die nur denkbar sind. Iris erlebt diese Momente mit viel Humor und einem für alles offenen Geist. Ihr Lieblingsspiel wird es, sich nicht finden zu lassen. Wenn ihr Gegenüber, neugierig, irritiert und verwirrt durch ihr Auftreten ohne männliche Begleitung, von ihren Lippen die erwartete Antwort ablesen möchte, erwidert ihm Iris nonchalant: „Mein Mann ist daheim!" Die Gespräche, die Unterredungen, die „Frage-und-Antwort-Spiele", die Gesten, der tägliche Kontakt mit den Menschen und die Beantwortung der zahlreichen ihr in diesen sechs Monaten gestellten Fragen bilden „das Erlebte" dieser sehr persönlichen Reiseerfahrung, das „Ausgehen von sich selbst" und das Spiel des „Sich nicht finden lassen". Das Schöne daran ist, dass man es überall praktizierten kann, im eigenen Haus und auch an jedem beliebigen Ort der Welt. Das Ergebnis, das man erzielt, ist immer das gleiche: die Freiheit.

„Den Frauen fehlt der eigene soziale Stand": der Schritt von der natürlichen hin zur bürgerlichen Identität

Iris von Roten bekräftigt, den Frauen fehle der eigene soziale Stand, der ihnen eine wahre Präsenz in der Gesellschaft sichern würde. Sie betont die soziale Funktion der Arbeit, durch die die Frauen in der Gesellschaft wirklich präsent, gesellschaftlich sichtbar und sich ihres Gewichtes in der Gesellschaft bewusst werden können. Dieses Grundrecht, seinen Lebensunterhalt selbst zu verdienen, den ich bereits erwähnt hatte, wird es den Frauen ermöglichen, als wahre Frauen zu leben, „da signore"[2], und sich frei zu fühlen. Iris betont, wie wichtig es für Frauen ist, in ein mehrschichtiges Netz von Beziehungen und Interaktionen einzutreten, das ihnen ermöglichen wird, Kommunikation zu erzeugen.

> Mit der Berufstätigkeit nimmt man am Geben und Nehmen, am Dienen und Regieren rings um die Welt teil. Man ist wirkend auf dem Laufenden. Nicht in allem natürlich, meist nicht einmal in allem Wichtigen, aber – das ist entscheidend – in zahlreichen Dingen, die auch außerhalb des kleinen Kreises der persönlich Vertrauten Bedeutung haben. Die Berufsarbeit verbindet nicht nur mit Menschen über die Räume hin, sondern über die Zeiten. Berufstätigkeit ist eine Art Stafettenlauf der menschlichen Kultur und Zivilisation von einer Zeit in die andere. Der Berufstätige tritt mit dem Erwerb seiner Fachkenntnisse eine Erbschaft an, legt je nachdem etwas dazu und gibt das Übernommene und Selbsterworbene an jene weiter, die Gelegenheit haben, von ihm zu lernen. Die Berufstätigen sind zugleich die Erben und Erblasser unserer Kultur. Ohne volle berufliche Funktion stehen die Frauen außerhalb dieser Erbgänge. (von Roten 1992, 152-153)

Es ist ein schönes Bild, das Iris von der Arbeit zeichnet, wenn sie sie als Stafette von Geben und Nehmen betrachtet, die nicht nur materielle Güter umfasst, sondern vielmehr ein vitaler, kultureller Austausch ist, ein Austausch von Wissen, das man erwirbt, um es weiterzugeben. Sehr kraftvoll ist auch die Idee, Teil eines Ganzen zu sein,

„ein Ring der Kette", und bewusst an dem Austausch teilzunehmen. Die berufliche Tätigkeit wird somit zu einer Möglichkeit, in Kommunikation mit anderen zu treten, sich sichtbar am Austausch zu beteiligen, wodurch sich die Frauen nicht mehr alleine fühlen würden, von den Ereignissen, von anderen Personen und von einem reichen kulturellen Erbe ausgeschlossen.

Bei der weiteren Suche nach Gründen, aus denen die Frauen gesellschaftlich unsichtbar sind, kehrt Iris zu der Frage der Genealogie zurück, zu dem Moment der Geburt, in dem die Frauen in die Genealogie des Vaters hineingeworfen werden. Deshalb, so Iris, hatten die Frauen niemals eine individuelle Identität, einen eigenen Stand, mit Ausnahme des „Frauenstandes", der ihnen immer angehängt wurde. Dieser war jedoch pejorativ gemeint und bezeichnete abwertend die Andersartigkeit der Frau im Vergleich zu dem vorherrschenden allgemein gültigen männlichen Vorbild. „Die Frauen haben, wo man mit dem Stand von Geburt wegen aufgeräumt hat, keinen eigenen. Es sei denn, man betrachte die Frauen auf Grund ihrer Fortpflanzungsfunktion und Haushalttätigkeit, durch die sie am Handel und Wandel der Welt teilnehmen, als einen Stand für sich, den Frauenstand."

Diese Einstellung, die Frau auf das Biologische, auf ihre Reproduktionsfunktion zu reduzieren und ihren Aktionsradius auf die häusliche Umgebung zu beschränken, drückt eine abgrundtiefe Verachtung gegenüber dem weiblichen Geschlecht aus.

Neben dieser verzerrten Interpretation bleibt die Tatsache bestehen, dass die Frauen im öffentlichen Leben keine wahre Identität haben, da sie ausschließlich in Bezug auf die Familie definiert werden, der männlichen Vision der Welt unterworfen, die sie als Töchter, Ehefrauen und Mütter sehen möchte. Iris zieht an dieser Stelle eine neue Parallele und betont die Analogien zwischen den Frauen und der Zahl Null. „Wie alle Nullen können sich auch Frauen als soziale Nullen mit anderen Zahlen verbinden, mit sozialen Einern, Zehnern, Tausendern und so weiter. Damit gelangen sie zwar nicht zu direkter sozialer Bedeutung, wohl aber in Verbindung mit den Zahlen, die Väter und Ehemänner darstellen, zu indirekter."

Dieser doppeldeutige Vergleich zwischen den Frauen und der Zahl Null scheint mir sehr treffend zu sein, denn die Null hat an und für sich keinen eigenen Wert, doch zusammen mit einer anderen Zahl, in Kombination mit ihr, erhält sie einen numerischen Wert und Konsistenz. Diesen Wert erhält sie durch den Anschluss, dadurch, dass sie neben jemandem steht. Hier werden die Zahlen, diejenigen, die vorne stehen, und zählen (gemäß der mathematischen Logik) von den klassischen Figuren der patriarchalischen Welt dargestellt – dem Vater, dem Ehemann, oder dem Bruder. Diese haben also einen Eigenwert und bestimmen somit automatisch über die Zahlen, die hinter ihnen stehen, und die, so glauben sie, von ihnen abhängen und sich anpassen müssen. Doch paradoxerweise gibt das, was als „Null-Wert" angesehen wird, den anderen durch seine Anwesenheit erst Gewicht; Es multipliziert, vervielfältigt und kann das numerische Ergebnis ins Endlose erhöhen. Die Rollen, in die die Frauen hineingezwungen werden, sind in Wahrheit nur ein Aspekt ihres Frauseins und ihres Frauenlebens, doch das scheint auch ihnen selbst nicht immer klar zu sein, da sie, in der Vergangenheit noch viel mehr als heute, dazu neigen, sich mit ihrer Rolle und ihrem Status als Tochter von, Ehefrau von oder Schwester von zu identifizieren und sich immer nur in Bezug auf und „im Dienst" von einer anderen Person zu definieren.

Mehr als jeder Gedanke, so Iris, vermittelt diese Tendenz „ein falsches Standesbewusstsein", denn: „Zu einem echten, eigenen Stand kommt man im größeren Teil der westlichen Kultur nur durch die soziale Funktion im Rahmen der Berufstätigkeit."

Iris meint damit jenen gesellschaftlichen Status, jenes geistige Bewusstsein, das den Frauen nicht nur materielle Sicherheit bietet, sondern sie auch gesellschaftlich sichtbar macht. Diese gesellschaftliche Sichtbarkeit erhalten die Frauen durch die Arbeit, die als Recht verstanden wird, „seinen Lebensunterhalt selbst zu verdienen". Sie macht die Frauen unabhängig und befreit sie aus jeglichem Abhängigkeits- und Unterwerfungsverhältnis. Dieses Recht ist wichtiger als alle anderen und lässt alle anderen in den Hintergrund treten, denn es befreit uns von den traditionellen Rollen und von all dem, was das Leben in vorgeschriebenen Rollen für unser Dasein als weibliche Wesen mit sich bringt. Soeben habe ich mit einem Zitat von Iris über das falsche Bewusstsein gesprochen, dass wir über unsere Identität und unseren Status als Frau haben. Diese Unsicherheit, dieser Widerspruch zwischen Natur und Kultur rührt von den gesellschaftlichen

Rollen der Frau her, die uns definieren, uns jedoch paradoxerweise auch nivellieren und von uns selbst entfremden. Iris bemerkt:

> „Einfach als Frau und Mutter, was schließlich jede sein kann und die meisten auch sind, unterscheiden sich die Frauen objektiv scheinbar durch nichts voneinander". [...] Ohne die sinnliche Wahrnehmung ihrer Person sind sie leere Namen. Daher existieren die einzelnen Frauen in der Vorstellung der anderen Leute nicht als Persönlichkeiten von diesem oder jenem Format, diesen oder jenen Zielen, sondern als [...] schlanke oder dicke Statur, als grauer oder schwarzer Lockenkopf, und dann noch als Tochter, Schwester, Frau oder Mutter im Reflex ihrer männlichen Angehörigen." (von Roten 1992, 573)

Der Übergang von der natürlichen hin zur bürgerlichen Identität ist folglich ein wichtiger Schritt; er wird in dem Moment möglich, in dem die Frau beginnt, ihre eigene weibliche Subjektivität auszudrücken, über die Rolle hinaus, die sie in jenem bestimmten Moment in der Familie oder in der Gesellschaft erfüllt. Das ist die logische Folge jenes grundlegenden Rechts, über das ich bereits gesprochen habe, des Rechts, seinen Lebensunterhalt selbst zu verdienen, das die Frau materiell unabhängig macht und ihr im Anschluss daran eine ganze Reihe anderer Freiheiten verleiht, zum Beispiel die Freiheit, selbst verstehen, denken und entscheiden zu können. Das ist fast das Gegenteil von der, wie Iris es umschreibt, „folgenschweren Gedankenlosigkeit", jenem Zustand der Verwirrung, in dem „man nicht genau weiß, wo man ist, und wohin man gehen will". Ein Zustand, der schwerwiegende Folgen für Frauen hat, weil es ihnen das Gefühl gibt, fremd auf der Welt zu sein, ohne ihre wahre Identität, die weit über die natürliche und biologische hinausgeht.

Der hypermoderne Begriff der Freiheit, die Entfremdung der Frau und wie die Frau ihren Weg und sich selbst findet

Während der Arbeit an diesem Werk war ich häufig positiv überrascht, eine derart große Fülle von Übereinstimmungen, Analogien, gemeinsamen Ansichten und Meinungen zwischen den Gedanken von Iris von Roten und denen zahlreicher führender Frauenforscherinnen der Gegenwart zur Theorie der Differenz zu entdecken. Abgesehen von den bereits mehrfach zitierten übereinstimmenden Ansichten von Iris von Roten und Virginia Woolf bezüglich der Freiheit als materieller Unabhängigkeit von einem Mann, fällt mir eine gewisse Übereinstimmung der Ideen von Iris von Roten und Luce Irigary auf, und zwar bei ihren Reflexionen über die Entfremdung der Frau wie über ihr fehlendes Bewusstsein, bestimmte Rechte zu besitzen und sie ausüben zu können. Dieses „Sich nicht bewusst sein", diesen „verwirrten Zustand", den ich am Ende des vorangegangenen Abschnittes ansprach, nennt Iris von Roten eine „folgenschwere Gedankenlosigkeit".

> Unglaublich, aber wahr: die grundlegende Tatsache, dass sie Bürgerinnen sind, Glieder einer Volksgemeinschaft mit Rechten und Pflichten, hat in ihrer vollen Bedeutung das Bewusstsein mancher Frauen noch nicht erreicht – eine in zahllosen Hinsichten folgenschwere Gedankenlosigkeit, die bei politisch gleichberechtigten Frauen einfach nicht vorkommen kann. (von Roten 1992, 579)

Das Gefühl, bei den Dingen des täglichen Lebens und somit auch bei der politischen Beteiligung nicht dazuzugehören und das fehlende Bewusstsein, einen „eigenen sozialen Stand" als Frauen zu besitzen, führt Iris darauf zurück, dass die Frauen in der Schweiz in den 50er Jahren, und auch davor, keine Möglichkeit hatten oder die Mühe scheuten, eine Möglichkeit zu finden – eine aktive Beteiligung am gesellschaftlichen Leben zu erwirken, und als politischer Faktor sichtbar zu werden. Außer der Tatsache, dass sie grundlegende Rechte entbehrten, wie z.b. das Stimmrecht oder das Recht, das eigene Erbe anzutreten, fehlte ihnen nämlich auch das Bewusstsein, eine eigene Identität zu besitzen, eine eigene gesellschaftliche Existenz als Frauen, mit eigenen Wünschen, Gefühlen, Entscheidungen, Ansichten und Gedanken. Auch Irigaray unterstreicht diese „Leere" auf gesellschaftlicher Ebene, als ob die Welt von lediglich einem, neutralen Menschengeschlecht bevölkert wäre.

> Die Frau ist von Geburt an Sklavin, solange sie nicht über sich selbst als Bürgerin verfügen kann. Das gilt für uns bis zum heutigen Tag. Zu Beginn ihrer Befreiungsbewegung wussten die Frauen, dass sie Sklavinnen waren, und sie hatten die Befreiung aus der Sklaverei zum Ziel ihres Kampfes erklärt. Um dieses Ziel zu erreichen, forderten sie Rechte, bürgerliche Rechte, um als Frauen zu existieren. Wer über keine eigenen Rechte verfügt, und den Gesetzen anderer unterworfen ist, ist in der Tat ein Sklave, eine Sklavin.[3]

Als zeitgenössische Autorin hat Luce Irigaray gegenüber Iris von Roten den großen Vorteil, die Zeit der großen Kämpfe miterlebt zu haben und danach bis in die Gegenwart hinein weiterhin ihre Ideen und Ansichten zu den konkreten Ergebnissen der Befreiungsbewegung anstellen, aber auch Überlegungen und Betrachtungen zu den Pseudo-Siegen im Zeichen der Gleichberechtigung ausdrücken zu können. Der wichtigste Schritt, den sie dabei getan hat, bestand darin, „jenseits der Gleichheit" zu denken, und z.B. ein Bürgerliches Gesetzbuch zu fordern, in dem den geschlechtsspezifischen Differenzen Rechnung getragen wird. Sie befürwortete somit die Beteiligung der Frauen am gesellschaftlichen Leben und ihre bürgerliche Identität, jedoch unter Berücksichtigung der Differenz.

Aufgefallen ist mir eine große Übereinstimmung der Gedanken, in diesem Fall auch in Bezug auf die Wortwahl, zwischen Iris von Roten und Luisa Muraro, da beide versuchen, einem bestimmten Seelenzustand Ausdruck zu verleihen, nämlich demjenigen, der die Bereitschaft zur Veränderung hervorbringt, die Bereitschaft, sich selbst in Frage zu stellen, sich zu öffnen, sich auf das Geben und das Nehmen einzustellen, das notwendig ist, um auf der Welt zu existieren, so gut es nur möglich ist: als freie Menschen. Muraro spricht davon „auf der Welt zu sein, bereit, durch einen Austauschprozess Wandlungen seiner selbst durchzumachen, einen Prozess, der nichts aus dem Spiel lässt."[4] Dahingegen spricht Iris von einem Austauschspiel auf mehreren Ebenen, von einem Geben und Nehmen, an dem die Frauen mit ihrem gesamten Wesen, mit ihrem Körper und ihrem Geist teilnehmen. Die ursprüngliche weibliche Freiheitsliebe ist für Iris nicht nur ein Thema, das ihr lieb und teuer ist, sondern auch die Grundlage, auf der sie ihre eigene Existenz aufgebaut hat, indem sie sich bereits als junges Mädchen diese Lebenseinstellung zu eigen machte, die Luisa Muraro mit der Diotima-Gruppe zum ersten Mal „Ausgehen von sich selbst" nennt. In ihrem Essay „Von sich selbst ausgehen und sich nicht finden lassen ..." führt Luisa Muraro zuerst eine etymologische Analyse des Wortes „partire" durch, um darin zwei Aspekte des Wortes zu beleuchten:

> Die Bedeutung des Ausdrucks „partire da sé" beinhaltet jedoch einen Risikoaspekt, der sich in dem Wort selbst verbirgt. In der Tat, was bedeutet „partire" oder „partire da"? Das Wörterbuch antwortet wie folgt: „sich von jemandem oder von etwas entfernen, um woanders hinzugehen; Die Etymologie legt die Bedeutung strenger aus und spricht von einem (sich) trennen, (sich) entzweien. Dem widerspricht nicht, dass „partire" oder „partire da" eine Anfangsbewegung, einen Anstoß bedeutet, nahezu ein „Schöpfen aus". Das bedeutet, der Ausdruck vereint in sich zwei Bedeutungen, die sich erheblich voneinander unterscheiden, und verbindet sie miteinander. Er vereinigt das „Sich losreißen" und das „Beginnen", das „Sich entzweien" und das „Stammen von".[5]

Es geht also darum, „den Weg wiederzufinden" und „auf den Pfad zurückzukehren", auf einen Pfad jedoch, den wir uns maßgeschneidert für uns selbst schaffen, nicht einen, der bereits von anderen vormarkiert wurde, und auf dem uns alle erwarten. Das „Ausgehen von sich selbst" ist eine Bewegung von einem Ort weg, ein „Sich entfernen", aber auch eine Bewegung zu einem Ort hin, ein erneutes Beginnen, ein Neuanfang. Beide Aspekte sind in der Handlung des „Ausgehens von sich selbst" enthalten, die sich unter zahlreichen Aspekten als nützlich erweisen und insbesondere in ihrer Bewegung unseren Geburtsvorgang, unser „Auf die Welt kommen" nachzuahmen scheinen. Ich zitiere erneut Muraro:

> „Das ‚Ausgehen von sich selbst' ist in seiner zweifachen und zusammenfallenden Bedeutung im biographischen und im historischen Kontext folglich eine Erneuerung der Be-weg-ung des ‚Auf die Welt Kommens'. Auf diese Weise bildet die Handlung des ‚Ausgehens von sich selbst' das Gegenstück zur Entfremdung."[6]

Die Worte von Muraro erfassen sehr treffend die Parallelen und die Analogie der Bewegung zwischen dem Moment, in dem man auf die Welt kommt, in dem man sich vom Körper der Mutter loslöst und der Handlung des „Ausgehens von sich selbst", in dem man sich aus einer Situation löst, um von Neuem zu beginnen.

In beiden Fällen finden wir den Ursprung, aber auch das „Sich entfernen", beide bestehen aus zwei parallel existierenden Momenten: dem „Sich von einer Sache oder von jemandem trennen" und dem „Seinen Ursprung in einer Sache oder in jemandem haben".

Muraro unterstreicht ebenfalls die Nützlichkeit des „Ausgehens von sich selbst" als Mittel, der Entfremdung entgegenzuwirken, seine Gedanken zu klären und den Weg wiederzufinden. Das, was Iris „Gedankenlosigkeit" nennt, ist nichts anderes, als ein Ausdruck für einen Zustand und das Gefühl der Nichtzugehörigkeit, das Frauen sehr gut kennen, jenes Gefühl der Verwirrung, das Gefühl, den Weg verloren zu haben, das Gefühl der Entfremdung.

Den Weg und natürlich auch sich selbst wiederzufinden kann möglich sein, indem man, und ich zitiere in diesem Zusammenhang Chiara Zamboni, den Weg des „Von sich selbst Ausgehens durchläuft, einen Weg, der die Wahrheit in der konkreten Erfahrung, im Erlebten sucht".[11] Das trifft zu, denn besteht auf der einen Seite das Verlangen nach Konkretem, nach einem Leben, das geprägt ist durch konkrete Erfahrungen, so steht auf der anderen Seite das Verlangen, die Materialität der Existenz zu überwinden. Dieser Wesenszug wird auch von Iris eher als weiblich und weniger als männlich wahrgenommen. „Bei den Frauen wird das seelische und sinnliche Empfinden immer besser übereinstimmen, weil sie von einer Verbindung des seelischen Verlangens mit dem körperlichen so viel mehr erhoffen können als die Männer."

Es ist dieses ununterbrochene Schwanken zwischen dem Begehren, konkret und materiell in der ersten Person zu leben und dabei sogar den eigenen Körper aufs Spiel zu setzen, und gleichzeitig dem Begehren, nach dem Sinn des Lebens zu suchen. Das sind die beiden Ebenen des Weges, den die Frauen seit jeher mehr oder weniger bewusst durchlaufen.

In diesem Zusammenhang zitiere ich einen der, meines Erachtens, schönsten und treffendsten Ausdrücke, den ich jemals zu diesem

Thema gelesen habe. Er stammt von Chiara Zamboni, und sie definiert darin „die Suche nach dem Sinn, nach dem Wesentlichen im Leben – als den Materialismus der Seele".

V.

Partitur der Geburt

Mutterschaft: ein Sinnbild und Fragen, die es aufwirft

„Würde man heute an allen öffentlichen Stellen Mütter-
Töchter-Bilder anbringen, so würde sich darin die
Achtung vor der sozialen Ordnung manifestieren."
(Luce Irigaray)

In dem Buch *Frauen im Laufgitter* wird dem Thema Mutterschaft
viel Raum gewidmet; Iris behandelt es mit jener hohen Dosis an
Konkretheit und Freiheit, mit jener Klarheit und grundlegenden Ehrlichkeit (sich selbst und auch der Leserschaft gegenüber), die für ihre
Reflexionen und Analysen charakteristisch ist. Nach der Überschrift
zu urteilen, die Iris für dieses Kapitel wählt („Mutterschaft – Bürde
ohne Würde"), könnte angenommen werden, dass sie als Frau und
als Schriftstellerin kein besonders positives Bild von der Mutterschaft
zeichnet, was teilweise richtig ist, aber nicht ganz.

Im Folgenden werde ich die Ideen und Gedanken von Iris zu diesem Thema näher beleuchten, wobei ich wie sie von einer Reflexion
und einer ganzen Reihe von Fragen ausgehe, die sich aufzwingen
angesichts eines in der Schweiz sehr verbreiteten Bildes, das nicht nur
in den Büros und in Ausstellungshallen häufig anzutreffen ist, sondern auch im öffentlichen Bewusstsein. Dieses Bild stellt ganz präzise
die Ikonographie der Gesellschaft dar, in der jeder Person ihre fest
definierte Position innerhalb der Gruppe einnimmt; die Alten tragen
Bärte und sind in lange Mäntel gehüllt, die Burschen haben unnatürlich runde Köpfe, die auf stämmigen Hälsen mit hervortretenden
Sehnen sitzen. Die nackten Beine der Burschen enthüllen das Mus-
kelgeflecht, das mit seinen Verknotungen und Verschlingungen einem sturmerprobten Eichenwald ähnelt. Die Alten auf dem Bild
tragen ein waffenartiges Gebilde unter dem Arm und blicken stör-

risch ins Leere, während die anderen ein archaisches Werkzeug in den Händen halten, z. B. eine Axt oder einen Zirkel. Diese Figuren werden häufig in der Nähe eines noch unfertigen Backsteinmäuerchens abgebildet. Etwas weiter weg sehen wir erschöpft wirkende weißbärtige Männer, die wie große Denker aussehen und deren Kleidung an Nachtgewänder erinnert. Es ist offensichtlich, dass diese ikonographische Reproduktion eine Allegorie auf die gesamte Welt darstellen soll, doch an diesem Punkt stellt sich Iris eine nahezu völlig logische Frage: Spiegelt dieses Bild die Realität wieder oder nicht, und Iris formuliert sie wie folgt: „Bestanden und bestehen die Staaten zur Hauptsache aus Männern?" Sie beantwortet diese Frage mit „Ja und nein". Mit „Ja" meint sie die männliche Vorherrschaft auf dem Bild, die eine symbolische Darstellung der männlich geprägten Geschichte der Völker und der Welt ist, in der die Frauen nicht sichtbar zu sein scheinen und in der sie keine zentrale Stellung haben. Die Figuren der großen Denker, die anderen männlichen Figuren, alle dargestellten Gegenstände, der Zirkel, das Backsteinmäuerchen usw., stellen symbolisch jene Männergesellschaft dar, die den Handel, die Kultur und die Gesellschaftsordnung, wie wir sie heute kennen, hervorgebracht und geprägt hat.

Doch dies kann nicht die einzige Antwort und die einzige Interpretation der Fragen sein, die solch eine Darstellung der Welt aufwirft.

Aus diesem Grunde antwortet Iris auch mit einem „Nein" und erklärt, man käme nicht umhin, über die grundlegende Tatsache nachzudenken, dass „all diese energischen männlichen Figuren von einer Frau geboren wurden". Doch aufgrund einer ganzen Reihe fataler Schlussfolgerungen und Reaktionen, die aus dieser Feststellung resultieren, erhalten die Frauen in der ikonographischen Darstellung nicht etwa einen Platz „auf der Sonnenseite", sondern werden ganz unten links in eine kleine Ecke verbannt. Das scheint „der Platz der Frau" zu sein, die auf dem Bild auch so dargestellt wird; zusammengekauert in der linken unteren Ecke, mit einem Neugeborenen im Arm. Neben dem Neugeborenen, das bei keiner Darstellung des Weiblichen fehlen darf, ist auch der obligatorische „seltsame Lumpen" zu sehen, mit dem die Frau immer dargestellt wird. Es handelt sich um ein Kopftuch, das entweder rechts und links vom Gesicht einfach herunterhängt, oder zusammengeknotet ist und an ein halbes Zelt erinnert. Da diese Art von „Volkskunst", so Iris, dazu neigt, die symbolischen Bedeutungen aller dargestellten Personen oder Gegenstände zu karikieren, so hat das Kopftuch sicherlich auch eine Bedeutung, und Iris nennt gleich zwei davon. Ist das aufgesetzte Tuch einerseits eine Art Schleier, etwas, das die eigene, private Welt von der Außenwelt trennt, eine „Verkleidung", wie wir sie von den Frauen im Nahen Osten kennen, so scheint es andererseits auch eine Schutzfunktion zu haben, wie ein symbolisches Dach, das die Frau schützt. Diese Idee des Beschützens scheint mit dem dunklen Ort zusammenzuhängen, den sie einnimmt, und an den sie, um die Wahrheit zu sagen, von den männlichen Figuren verbannt wurde, die den Betrachter feindlich anblicken, als ob sie in ihm eine Bedrohung für das Neugeborene sehen würden. Aus der Interpretation solcher Bilder, die für alle sichtbar sind, ausgestellt und „als Beweis" gezeigt, entwickelt Iris eine Reihe tiefgreifender Reflexionen und Fragen über die Rolle der Frau in der Gesellschaft, über die Aufteilung der Kompetenzen und Funktionen sowie über die Natur der Letztgenannten. Ist die Frau tatsächlich diejenige, die immer im Abseits dargestellt wird, immer mit einem Kind im Arm, immer als Mutter, oder ist das Bild lediglich das Ergebnis des Versuches, sie zu idealisieren und auf diese Funktion zu reduzieren, die sie so einzigartig macht? Vielleicht, so Iris, ist dieses Stück Stoff auf ihrem Haupt gar nicht so nutzlos, vielleicht bietet es eine Möglichkeit, mag sie auch merkwürdig und symbolisch erscheinen, sich vor den Angriffen zu schützen, denen sie seit Jahrhunderten so ausgeliefert ist.

In der besonderen Fähigkeit der Frau, Leben zu schenken, sieht Iris den Grund, weshalb die Männergemeinschaft seit Jahrhunderten sehr negativ auf dieses „Plus" der Frauen reagierte.

> Die Frauen sind begabter als die Männer. Denn sie besitzen einen fruchtbaren Geist und einen fruchtbaren Körper. Die Männer haben nur einen fruchtbaren Geist, und ihr Samen ist gar kein Samen, sondern nur Teil eines solchen. Dem fruchtbaren Körper der Frau steht lediglich ein durchschnittlich muskulöser und größerer Körper gegenüber – Eigenschaften, die heute kein großes Prestige mehr haben. Die Männer ertragen daher diesen Vergleich und die naheliegende Folgerung, dass sie die beschränktere Form des Menschen darstellen, nicht. Infolgedessen kann und darf es nach Männerlogik nicht sein, dass sie den Frauen nachstehen. (von Roten 1992, 368)

Iris scheint sich dieses „Plus'" der Frauen sehr bewusst zu sein, wie auch der Probleme, die die Männer beim bloßen Gedanken an ihre mögliche „Unterlegenheit" und „Unterordnung" in Bezug auf die Frauen auf irgendeinem Gebiet haben. Der Grund dafür ist, wie Iris es treffend formuliert, die Tatsache, dass in der männlichen Logik nur in Kategorien wie überlegen/unterlegen, mehr/weniger, Stärke/Schwäche, Kultur/Natur gedacht und gewertet wird. Im Laufe der Geschichte hat der Mann, der es trotz zahlreicher Interventionen der Religion, der Philosophie, der Psychoanalyse, der Genetik und der Ethik nicht geschafft hat, sich diesem urweiblichen Mysterium auch nur einen Schritt zu nähern, immer wieder versucht, neue Interpretationen und Definitionen für das zu erfinden, was einerseits das größte Mysterium ist und gleichzeitig auch die „natürlichste Sache der Welt", die mit dem Frauendasein verbunden ist.

Die Männer, so Iris, geben zu: „Kindergebären ist zweifellos eine Begabung der Frauen. Sie ist schöpferisch, wenn auch körperlicher Natur." So ist es den Männern möglich, aus diesem Denkschema auszubrechen, das sich vor allem in ihren Köpfen festgesetzt hat, und demzufolge sie sich als „weniger wert" empfinden, von einem starken Verlangen nach Kompensation angetrieben werden, immer auf der Suche nach einem Gebiet, in dem sie sich überlegen fühlen können:

> Es verbleiben die Gefilde des Geistes. Hier sucht und findet man vermeintlich Kompensation. Wie aus der kuranten Männlichkeits- und Weiblichkeitsideologie ersichtlich, greift man ungeniert zu, indem man, wie mehrfach erwähnt, gleich alle besonders bewunderten Begabungen des menschlichen Geistes als männlich und damit grundsätzlich für sich allein in Anspruch nimmt (von Roten 1992, 368)

Mit diesem sehr „verdrehten" Aspekt des männlichen Denkens zeigt Iris von Roten die Weigerung der Männer auf, die natürliche Ordnung der Welt anzuerkennen, in der sie selbst nicht die Schöpfer sind und nicht diejenigen, die durch ihre natürlichen Fähigkeiten diesen unglaublichen Reichtum des „Zur Welt Bringens" hervorbringen können. Die Männer weigerten sich, diese natürliche Ordnung der Welt anzuerkennen, was ihnen vor allem Ehrlichkeit gegenüber sich selbst abverlangt hätte und ebenfalls die Anerkennung und Achtung gegenüber denjenigen, die im Gegensatz zu ihnen als einzige in der Lage sind, diesen Reichtum hervorzubringen. Aus diesem Grunde haben sie rücksichtslos eine andere Ordnung ins Leben gerufen, ein für sie maßgeschneidertes System, in dem sie für sich selbst die zentrale Position reserviert und die Frau samt Kindern in die linke untere Ecke verbannt haben. Diese Weltordnung, in der die Kompetenzen ganz klar verteilt sind, ist in der Volksikonographie der Schweiz der 50er Jahre vorbildlich dargestellt, wofür das von Iris beschriebene Bild als wunderbares Beispiel dienen kann. Dieses Bild, das für sie ein Produkt der sogenannten „Öffentlichen-Gebäude-Kunst" darstellt, ist in der Öffentlichkeit allgegenwärtig und bietet als einziges und universelles Modell jene Ordnung und jenes Gesellschaftssystem, die dort abgebildet ist: eine Welt, in der die Männer für sich die gesamte Realität beanspruchen, und in der die Frauen, wenn überhaupt, als Mütter in eine Ecke verbannt erscheinen. Dazu Iris: „Die physiologischen Mutterfunktionen der Frauen bewegen die Männer, sie hämisch zu patronisieren, aber auch zu beneiden und schließlich zu verleumden." Iris' Worte bringen diese gesellschaftliche Ordnung treffend zum Ausdruck, die das patriarchalische System so gerne darstellen möchte, wenngleich sie eher als eine gesellschaftliche und auch symbolische Unordnung erscheint. Diese entspringt dem männlichen Bedürfnis, den eigenen Wert hervorzuheben, und zeigt sich deutlich in dem zermürbenden Versuch, Überlegenheit über das andere Geschlecht zu demonstrieren, was sich in der Verachtung des anderen Geschlechtes ausdrückt. Dabei meine ich nicht nur die Nicht-Schätzung, die Nicht-Anerkennung der Bedeutung der Frauen, die Menschheit zu erschaffen und zu erneuern, sie damit auf ihre biologische Funktion zu reduzieren und Kontrolle über ihren fruchtbaren Körper auszuüben, was Jahrhunderte lang praktiziert wurde. Es geht mir vielmehr darum, dass die „Differenz der Frauen, die Andersartigkeit vom Mann" anerkannt und geschätzt wird, und zwar nicht nur aufgrund ihres Körpers, sondern aufgrund des Wissens, das aus dem weiblichen Körper stammt sowie aus der Tatsache, in einem weiblichen Körper zu wohnen. Jene Ideen sind zu überwinden, die sich auf Ignoranz und Lüge begründen, auch weiterhin Natur und Kultur getrennt voneinander sehen wollen und nicht davor zurückschrecken, auf Instrumentalisierung, Mystifikation, Betrug und Gewalt in allen ihren Formen zurückzugreifen.

Der Körper der Frau: auch Männer werden von Frauen geboren

In dem Kapitel über die physiologischen Aspekte der Mutterschaft beschreibt Iris deren verschiedene Erscheinungsformen im weiblichen Körper: Menstruation, Empfängnis, Schwangerschaft und Geburt, und stellt dazu neuartige Überlegungen an, die näher beleuchtet werden sollten.

Es ist interessant zu beobachten, dass der Menstruationszyklus, der ein Aspekt des weiblichen Daseins ist, mit einer Sprache beschrieben wird, die nicht weiblich ist. Dies führt zu kuriosen Ergebnissen und enthüllt viel über die Kultur, die solch eine Sprache verwendet.

Das Zeichen der sexuellen Reife einer Frau und ihrer potentiellen Fähigkeit, Mutter zu werden, ist die Menstruation, die, so Iris, in unserer Zivilisation „kein gutes Zeichen" ist. In einigen, von uns als rückständig angesehenen Zivilisationen wird sie jedoch „Blume" genannt, und es wird von „der ersten Blume des Mädchens" gesprochen. Bei uns hingegen, bemerkt Iris, wird an alles Erdenkliche, nur nicht an ein poetisches Bild gedacht:

> Man sucht wie immer, wenn etwas als heikel empfunden wird, Zuflucht in vernünftender Objektivation und findet sie in einem unangebrachten Zeitbegriff, der für alles Mögliche gelten kann. Denn was ist eine Periode? Der Tag, die Nacht, die Woche, das Jahr, das Jahrhundert. [...] Und jenen, welche die Periode am meisten angeht – sie stehen ihr eines Tages plötzlich gegenüber – den größeren Schulmädchen, ist sogar 'Periode' noch zu deutlich. Bei ihnen wird sie zur 'P', zum Unaussprechlichen, zum Anfangsbuchstaben mit Pünktlein. [...] Dem Kennzeichen der physiologischen Bereitschaft, Mutter zu werden, haftet eben etwas Ungehöriges an. (von Roten 1992, 323)

Dies ist nur ein kurioses Beispiel, das aufzeigt, wie sehr die Sprache ein Produkt und ein Reflex unserer Kultur ist, und wenn die Menstruation in einer Kultur mit etwas Unangenehmem in Verbindung gebracht wird, dann kann auch ihr bloßes Erwähnen schon peinlich sein. So wird auf Verallgemeinerungen und Abkürzungen zurückgegriffen, denn:

> [...] Schwangerschaft und Niederkunft sind nur Möglichkeiten des weiblichen Körpers, aber weder integrierender Bestandteil noch unerlässliche Funktion desselben. Unter den vielen geschlechtlichen Eigentümlichkeiten bleibt allein die Menstruation restlos Sache der Frau, ist restlos eigenartig. (von Roten 1992, 326)

Iris betont an dieser Stelle einen weiteren Aspekt, nämlich den Zusammenhang zwischen dem Menstruationszyklus und dem Begriff des Leidens. Die Frauen neigen dazu, das Leiden, das die Menstruation begleitet, zu verheimlichen, es nicht „aussprechen" wollen. Dieser Schmerz kann manchmal so stark sein, dass er jegliche Aktivität unmöglich macht. Junge und alte Männer, Ärzte und auch Frauen, die nicht an Menstruationsschmerzen leiden, haben nicht die leiseste Vorstellung davon, was sich hinter der einfachen Formulierung „Ich fühle mich nicht wohl" verbirgt.

> Litte eine ebenso große Anzahl Männer dermaßen, wie ernst nähme man sich der Sache an. Bei den Frauen macht man nicht viel Aufheben, ist Leiden doch echt weiblich. Die Frauen sind zum Leiden geboren, und da sie vermeintlich nach göttlichem Richterspruch ihre Kinder mit Schmerzen gebären sollen, kommt es bei ihnen auf etwas mehr oder weniger Schmerzen gar nicht an. [...] Es ist kein Zufall, dass die Vernachlässigung ausgerechnet das Leiden trifft, an dem die Männer das geringste Interesse haben. Sämtliche anderen Leiden der Frauen stehen ihren Interessen näher. [...] Diese Tatsache, zusammen mit der weiteren, dass das Leiden mit einem der striktesten Tabus unseres Gemeinschaftslebens verknüpft ist, bewirkt seine weitgehende Vernachlässigung. (von Roten 1992, 327)

Wird der Begriff „Schmerz" in unserer Kultur mit dem Weiblichen assoziiert, so Iris, wird automatisch abgewunken und vom „weiblichen Schicksal" gesprochen. Es werden nicht viele Worte darüber verloren, da ja „bekannt ist, dass Frauen den Schmerz besser ertragen können". Das stimmt übrigens auch, denn sie haben darin eine jahrtausendlange Erfahrung, da sie häufig gezwungen sind, Schmerzen zu ertragen (und zwar nicht nur während des Geburtsvorgangs). Es kann schon fast gesagt werden, dass der Schmerz an sich „weiblich" ist; daher wird er auch nicht thematisiert, und schon gar nicht, wenn er mit dem Menstruationszyklus verbunden ist, so dass in diesem Fall das Thema „doppelt totgeschwiegen" wird. Hinter diesem Tabu verbirgt sich die uralte Geschichte, die ihren Ursprung in der Furcht der Männer vor dem Blut hat, in der aufgezwungenen oder freiwilligen Isolation der menstruierenden Frauen, im Mysterium, das zahlreiche Aspekte des Weiblichen umgab und umgibt sowie in der Furcht der Männer vor diesen Mysterien. Aus der Furcht entsteht selten etwas Positives, und als Reaktion auf diese Furcht entstand eine fehlerhafte Interpretation der Ereignisse, genauer: ihre vollständige Verzerrung. So entwickelte sich in Bezug auf das Menstruationsblut die Idee, es sei unrein und schädlich. Folglich wird versucht, das Ereignis, das sich dem Verständnis entzieht, zu übergehen und es einfach zu ignorieren, wie im Fall des Menstruationsschmerzes. Oder aber, wenn es um die Reproduktionsfähigkeit der Frau geht, wird versucht, diese zu dominieren, zu kontrollieren, oder aber das Thema totzuschweigen. Geht es um den Körper der Frau, so wird versucht, diesen in seinen Besitz zu bringen.

Iris benutzt das Wort „Anmaßung", um zu erklären, wie das Thema „Empfängnis" behandelt wird, und sagt: „Selbst im Mutterleib gilt das Kind als ein Stück des Vaters, als sein Produkt". Diese anmaßende Idee entstand nicht etwa aus dem Nichts, und ist Teil einer ganzen Kultur, die Iris als einen „während Jahrtausenden pietätvoll gehätschelten Irrtum" definiert. Sie sagt dazu:

> Er stellt die wesentliche Urheberschaft der Frau am Kind in Abrede und spiegelt sich in der Bezeichnung des männlichen Beitrages zur Fortpflanzung als 'Samen', d.h. als die anlagemäßig vollständige Vorstufe des menschlichen Wesens. Die Metapher vom männlichen Samenkorn, dem männlichen 'Lebensfunken', einerseits und der materiellen, rein stofflichen Mütterlichkeit andererseits scheint unausrottbar zu sein. (von Roten 1992, 329)

Die anmaßende Behauptung, den wesentlichen Teil der Fortpflanzung darzustellen, braucht der Mann, um seine eigene Vaterschaft zu definieren, um die Idee vom männlichen Samen aufrechtzuerhalten, der als „Lebensfunke" den Körper seiner Frau befruchtet und es ihm ermöglicht, zu sagen: „Dies sind meine Sprösslinge", womit er einen Rechtsanspruch auf die Kinder erhebt und die Mutterschaft auf die rein natürliche Bindung reduziert.

Bei der Beschreibung der Schwangerschaft lässt sich Iris von einer einzigartigen Leichtigkeit und vielleicht auch von Enthusiasmus leiten: „Die Schwangerschaft ist die originellste Funktion der weiblichen Psychologie. Sie hat kein Gegenstück, keine Parallele und ist das Plus des weiblichen Geschlechtes." Iris beschreibt eine freiwillig gewählte und gewollte Schwangerschaft als ein unglaublich freudiges Ereignis und ist sich der Magie, der Einzigartigkeit, des Reichtums, ja der „Heiligkeit" dieses weiblichen Zustandes vollkommen bewusst.

> Wesensmäßig ist der positive Wille zu einer Schwangerschaft einer der phantastischsten und luxuriösesten Entschlüsse. Ihm liegt der Gedanke zugrunde, aus einem Überschuss an Leben und Kraft durch eine unglaubliche Intimität neues Leben aus sich hervorgehen zu lassen. Er ist das Gegenstück zum Selbstmord, nämlich eine über das Ich weit hinausgreifende Bejahung des Lebens. (von Roten 1992, 331-332)

Um dieses phantastische Gefühl zu beschreiben, dass eine gewollte Schwangerschaft auslöst, zitiert sie einige Worte des englischen Dichters Lord Byron, eine wahre Hymne an das Leben und an den Sinn des Lebens: „The great object of life is sensation – to feel that we exist".

> [...] das Erlebnis einer vollauf gewollten Schwangerschaft ist jedenfalls solch ein sensationeller Zustand. Er entspringt einem starken Lebensgefühl und verstärkt es wiederum. Er steigert das Selbstbewusstsein und gibt das intensive Gefühl, mit der Schöpfung in Übereinstimmung zu stehen. (von Roten 1992, 332)

Ich möchte an dieser Stelle noch einmal das Augenmerk darauf lenken, welche Worte Iris verwendet, um die Erfahrung einer frei gewählten Schwangerschaft zu beschreiben. Die von ihr gewählten Adjektive, wie z. B „sensationell", „luxuriös", „stark", intensiv" sowie Substantive wie „Intimität", „Leben", „Kraft", „Selbstwahrnehmung" und „Lust am Leben" dürfen jedoch nicht glauben lassen, dass Iris die Schwangerschaft idealisiert. Ganz im Gegenteil, mit ihrem ausgeprägten Sinn für das Konkrete sagt sie: „Solche glücklichen Schwangerschaften sind nicht so verbreitet wie man gerne glauben möchte; [...] anstelle des göttlichen Schwungs tritt in zahllosen Fällen Pflicht, und Schuldigkeit und – Pech".

Natürlich sieht Iris zahlreiche Möglichkeiten, eine Schwangerschaft zu erleben, zahlreiche Nuancen, und zahlreiche Situationen, die zwischen den beiden Extremen liegen, „aber warum mit solchen

Vorlieb nehmen, wenn der Genius des weiblichen Geschlechtes ein großartigeres Erleben gestattete?"

An dieser Stelle kehre ich zu der ikonographischen Darstellung der Gesellschaft zurück, mit der ich das Kapitel über die Mutterschaft eröffnet habe. In diesem Zusammenhang betont Iris, dass die Einheit von Mutter und Kind durch das Macht- und Verteidigungsgehabe, dass die auf dem Bild dargestellten Männer an den Tag legen, herabgesetzt werde. Aus diesem Grund haben die Frauen Jahrtausende lang über die Freuden der Schwangerschaft und Mutterschaft geschwiegen.

Als ich zu Anfang des Kapitels über das Leiden schrieb, erwähnte ich Situationen, in denen das weibliche Leiden die Männer scheinbar etwas sensibilisiert und ihr Interesse weckt, sich mit dem Thema auseinander zu setzen. Ich beziehe mich dabei auf die spezifischen Geburtsschmerzen, an denen „nicht nur die Frau beteiligt ist, sondern auch die kommende Generation". Bei dieser Betrachtungsweise werden die Aufmerksamkeit und das Interesse hin zum neugeborenen Kind gelenkt und nicht zur Mutter, die das Kind auf die Welt gebracht hat. Als ob man sagen wollte, dass das Ergebnis, ein gesundes Kind, die Mühe und die Schmerzen der Geburt rechtfertige. Da die Geburtsschmerzen als das natürliche Schicksal der Frauen angesehen werden, was eine fast unvermeidliche Erfahrung ist, wenn eine Frau einem neuen Wesen das Leben schenkt, dann sind sie unbewusst auch ein Mittel, um den eigenen Wert und den eigenen Mut als Frau hervorzuheben. Im Laufe der Geschichte wurden den Frauen immer wieder Ideale vorgegeben, wie z.B. die Heimat, die Religion oder die Familie, für die es sich lohnt, die Geburtsschmerzen auszuhalten, um so den wahren Wert der Frau zu definieren. Paradoxerweise waren es dieselben Ideale, die den Frauen weitere Opfer, weitere Schmerzen und Leid abverlangten. Man denke nur an die menschlichen Opfer und Verluste in Kriegen. Der Gedanke, einen Sohn zur Welt zu bringen und in ihm einen wertvollen zukünftigen Soldaten zu sehen, dessen Aufgabe es ist, für sein Land zu kämpfen, ist kein ursprünglich weiblicher Gedanke, sondern entstammt einer Kriegskultur, die den Frauen seit jeher fremd war.

... Ferner, dass die nicht gleichberechtigten Frauen am Krieg beziehungsweise am Überhandnehmen ihrer Partei und so weiter ein geringeres Interesse haben als die Männer. Denn sie haben im Krieg soviel zu verlieren wie die Männer und viel weniger zu gewinnen. Bis jetzt kommen sie zwar darin nicht in gleich großer Zahl ums Leben; [...] mit dem Tod ihrer Kinder wird gewissermaßen der Sinn ihres Lebens annulliert. Und was gibt es bei Siegen schon für sie zu erobern? Die Beute gehört hauptsächlich den Männern. (von Roten 1992, 228)

Die durch die Männerherrschaft deformierte Beziehung zwischen Mutter und Kind versus Die symbolische Kraft der Beziehung zwischen Mutter und Tochter

„Ich bin in einer Kultur geboren, die den Frauen die Mutterliebe nicht beibringt. Doch dieses Wissen ist das Wichtigste von allem, und ohne dieses Wissen ist es schwierig, alles andere zu lernen und einzigartig auf einem Gebiet zu werden ..."
(Luisa Muraro)

Ich stelle hier einige einleitende Überlegungen zum Thema Mutter-Kind-Beziehung an und beginne mit der Frage, die Iris an ihre LeserInnen und gleichzeitig auch an sich selbst richtet: „Was ist das Wesen der Mutterliebe?"

Sie hat dabei nicht die Absicht, die Mutterliebe mit rhetorisch klingenden und unzutreffenden, weil zu häufig wiederholten Worten in eine perfekte Definition „hineinzupressen", sondern sie unternimmt den Versuch, sich schrittweise dem Kern zu nähern, dem Wesen dieser Liebe. Dabei wendet sie häufig das Ausschlussverfahren an und entlarvt all die „deformierten" Darstellungen der Mütterlichkeit, die uns unsere Kultur als normal präsentiert.

Die menschliche Geschichte zeigt, dass über die Mutterliebe alles Erdenkliche behauptet und erzählt werden kann, da sie als ein „Naturphänomen" angesehen wird, dass sich immer einstellt, wenn alle Grundvoraussetzungen dafür vorhanden sind (als ob es ausreichen würde, ein Kind auf die Welt zu bringen, damit Mutterliebe entsteht). Glücklicherweise liegt die Wahrheit weit davon entfernt, und die Mutterliebe unterliegt keinem solchen Automatismus.

Paradoxerweise werden gerade die Frauen, denen eine starke Intuition „sagt", dass es noch viel mehr gibt als nur das, was als das „natürliche Gefühl" angesehen wird, entmutigt, über dieses Gefühl zu sprechen. Den Grund für die Schwierigkeit, darüber zu sprechen, führt Iris auch auf die Tatsache zurück, dass der geschichtlich-kulturelle Kontext, in dem das Thema angesiedelt ist und in dem es diskutiert wird sowie die Sprache, die dabei verwendet wird, Produkte eines patriarchalischen, von Männern geführten und auf Männer ausgerichteten Gesellschaftssystems sind, das auf alle Aspekte des Lebens abfärbt.

> Es ist in der Gegenwart kaum möglich, die Mutterliebe sozusagen in Reinkultur zu betrachten. Denn einmal sind ihre Normen durch die – meist männerherrschaftliche – Zivilisation festgesetzt worden. Daher ist schwer zu entscheiden, wieweit die Form der sie bildenden Impulse weibliche Natur oder aber Produkt einer männlichen Kultur ist. (von Roten 1992, 351)

In der Absicht, diese Schwierigkeit zu erklären, die darin besteht, die wirklich weibliche Komponente der Mutterliebe von dem zu unterscheiden, was sich als „weiblich" ausgibt, jedoch aus den Gedanken anderer hervorgegangen oder aber durch den Einfluss eines vorgeblich neutralen gesellschaftlichen Systems entstanden ist, führt uns Iris zum Kern des Problems zurück, nämlich zu der symbolischen „Unordnung", auf der sich die heutige Zivilisation begründet, auf die sich unsere Kultur stützt und die sie scheinbar preist. Betrachten wir dieses Gebiet näher, in dem sich, wie wir glauben, die Mutterliebe ausdrücken müsste, also die Mutter-Kind-Beziehung, so finden wir dort zu unserer großen Überraschung viel Verwirrung vor, die zu Leid und Isolation führt, zu der Unfähigkeit, das eigene Wesen wahrzunehmen, zu Entfremdung und Unverständnis.

Es scheint mir notwendig und nützlich zu sein, an dieser Stelle einen Schritt zurück zu gehen und zu untersuchen, auf welche symbolische Ordnung die Frau innerhalb einer patriarchalisch geprägten Gesellschaft zurückgreifen kann, um verständlich zu machen, auf welcher Basis sie ihre Erfahrungen als Frau, Mutter oder Tochter effektiv aufbauen und stützen kann. Ich zitiere aus diesem Grunde eine ganze Passage, in der Iris meisterhaft einen Querschnitt der patriarchalischen Gesellschaft zeigt, in der Frauen, Mütter und Töchter nicht einmal in Ansätzen vorhanden sind.

Als Kollektiv scheinen die Männer von ihm geradezu besessen zu sein. Er hat sie bewogen, eine unnatürliche, aber pedantisch ausgeprägte patrilineale Struktur der Familie zu schaffen. Für Namens- und Standesfolge der Kinder sind die Männer ausschließlich maßgebend. Das System sieht nach 'jetzt erst recht' aus, nach dem Versuch, ein Minderwertigkeitsgefühl zu kompensieren. Um zu verhindern, dass die Natur ihnen jede Gewissheit ihrer Fortpflanzung verweigert, annullieren sie die weibliche sozial und etablieren an deren Stelle ihre eigene, die grundsätzlich fiktiv ist. Materielle Wahrheit wird durch formelle ersetzt und jene mit dieser durch Zwang – die einst rechtlich und heute noch konventionellermaßen rigorosere Treupflicht der Gattinnen – womöglich in Übereinstimmung gebracht. (von Roten 1992, 355)

Als erstes betont Iris die Verwirrung rund um die Fortpflanzung. Ich habe bereits die Motive analysiert, aus denen heraus die Männer angesichts der Macht des weiblichen Körpers die gegebene Ordnung der Dinge verzerrt haben, und möchte in einer weiteren Überlegung aufzeigen, wie diese Verwirrung rund um die Fortpflanzung entstand. Da sie das „Plus" der Frauen nicht verneinen konnten, haben die Männer diesen weiblichen, also rein biologischen Aspekt isoliert betrachtet und ihn mit der Bedeutung „weiblich" gleichgesetzt, d.h. das weibliche Geschlecht mit der Fortpflanzungsfunktion identifiziert. Das Reduzieren der Frau auf ihre „natürliche Funktion" und die Abwertung ihrer Bedeutung in der Gesellschaft war für die Männer ein kluger Schachzug, der es ihnen ermöglichte, ohne viele Schwierigkeiten, „ad hoc" eine Gesellschaftsstruktur zu erschaffen, in der sie sich zum „Pater familias" und Schöpfer des Lebens erheben konnten.

In einer Familienstruktur solchen Typs ist leicht zu erkennen, dass die Frauen nahezu unsichtbar sind: Auch wenn sie als die einzigen „Schöpferinnen des Lebens" das Überleben der Familie, der Nation und der Menschheit garantieren, so bleibt paradoxerweise keine Spur von ihnen übrig, denn die Kinder, das deutlichste Zeichen ihrer Präsenz, tragen einen anderen Namen, den des Vaters, und sind in ein gesellschaftliches und kulturelles System eingebunden, das alle Zeichen des Weiblichen und jede weibliche Erscheinung auszuradieren, zu ignorieren, herabzusetzen, umzubenennen oder zu entfernen sucht.

Die Schäden, die diese „Unordnung" in jedem Aspekt unseres Lebens verursacht, und die Verwirrung, die sie für uns weibliche Wesen, für Frauen, Mütter, Arbeitende und Bürgerinnen hervorruft, sind unkalkulierbar und, milde ausgedrückt, zerstörerisch. Die am stärksten zu spürende Verwirrung entstand durch die gleichzeitige Idealisierung und Diffamierung der Mutterfigur. Der schlimmste Schaden, der daraus entstand, ist der Verlust der wahren Matrix des Lebens und das Verlernen der Liebe zur Mutter. Hier werden die Taten und die Leistungen der Frauen „vom Tisch gefegt", wodurch das Schönste verlorengegangen ist, was Frauen geschaffen haben, ein wahres Erbe der Menschheit und für die Menschheit, dessen symbolische Bedeutung nur erahnt werden kann: das uralte Wissen unserer Mütter, das uns zum Beispiel unsere Kreativität schenkt und uns das Sprechen beibringt, das uns den Sinn des Lebens verstehen lässt, das uns lehrt, Liebe zu geben und Liebe zu empfangen.

Ich habe diesen kulturellen Background, der hinter der uns be-kannten Familienstruktur steht, beschrieben, um die subtilen Mechanismen aufzuzeigen, die die Welt uns nahestehender Personen bewegen. Es kann, so denke ich, gesagt werden, dass die Konstellationen und die Machtspiele in der Mutter-Kind-Beziehung die Verwirrung und die „Unordnung" wiederspiegeln, die in den Familienbeziehungen im allgemeinen zu finden sind, das Klima der Lügen und des Unausgesprochenen, das häufig die Familien kennzeichnet. Dies alles ist eine Folge der Machtspiele, der Konfusion, der „Unordnung", des Klimas der Lügen und des Unausgesprochenen, die in der patriarchalischen Gesellschaft als Ganzem dominieren. So ist die Gesellschaft als ein Makrokosmos zu betrachten, dessen Bild sich in der Familie, dem Mikrokosmos, wiederspiegelt.

Damit wird deutlicher, weshalb so viele Aspekte der Mutter-Kind-Beziehung so verwirrend, problematisch, ja geradezu „deformiert" sind. Wir kehren nun zu unserem ursprünglichen Ansatz zurück, dem Versuch, das Wesen der Mutterliebe zu definieren.

Iris von Roten unterscheidet drei Aspekte, die mit der Mutterliebe verbunden sind; diese haben nur wenig mit Liebe und vermutlich mehr mit dem „Mütterlichen" zu tun, wenn dieses Attribut im weitesten Sinne verwendet wird, das teilweise auch negative Züge beinhaltet, wie z.B. in den Ausdrücken „die mütterliche Besitzeslust", „die Identifikation der Mutter mit dem Kind", oder „die Tendenz der Aufopferung".

Wenn die Frauen schon im Namen ihrer weiblichen-mütterlichen Natur eingeschränkt werden, so halten sie diesen Bissen Leben mit den Zähnen fest. Die Kinder sind sozusagen die Organe, mit denen die Frauen in ihrer Beschränkung zu „Hausmüttern" an der Außenwelt lebendigen Anteil nehmen. Sie klammern sich an sie als Strohhalme, durch die sie möglichst viel vom Wein des Lebens einsaugen, den dieses ihnen etwas knapp zugemessen hat. (von Roten 1992, 400)

Mit dieser Überlegung erklärt Iris einige Verhaltensweisen der Frauen gegenüber ihren Kindern, wie z.b. den stark ausgeprägten Besitzanspruch. Es ist der Versuch der Frauen, mit dem Leben verbunden zu bleiben, nachdem sie dieses Leben „erschaffen" haben, der Versuch, „am Leben" zu bleiben und sich sinnvoll zu betätigen, und auch ein Versuch, in die Welt einzutreten, der sie sich nur am Rande zugehörig fühlen. Das Gefühl der eigenen Unterdrückung und der Unzufriedenheit führt die Frauen dazu, die Mutterschaft als ein Gebiet zu betrachten, auf dem sie Macht ausüben können, als einen Teil ihres Lebens, in dem sie das Sagen haben.

Ein weiterer Aspekt, zu dem ich eine Überlegung anstellen möchte, ist die Tendenz, sich mit den Kindern zu identifizieren, die sich häufig so extrem manifestiert, dass sie pathologische Züge annimmt. Iris verwendet für diese Erscheinung den Ausdruck „tragische Entartung der Mutterliebe". Hierzu eine weitere ihrer Reflexionen:

Diese tragische Entartung der Mutterliebe ist in Lebensverhältnissen unvermeidlich, welche die Frauen zwingen, ihren ganzen Lebensinhalt, ihre Existenzberechtigung, in der Sorge um die Kinder zu sehen. (von Roten 1992, 362)

Das Tragische an dieser Verhaltensweise ist, dass die Suche nach dem eigenen Lebenssinn, nach der eigenen Daseinsberechtigung, außerhalb des eigenen Wesens nicht fruchten kann, denn die Frauen „sind" nicht die Kinder, die sie zur Welt bringen, auch wenn diese ihre „Geschöpfe" sind. Im Mikrokosmos der Familie ist das einzige Bild, das die Frauen von sich selbst sehen, die Mutterrolle, und im Makrokosmos der Gesellschaft gewährt ihnen unsere Kultur nur eine einzige Möglichkeit, eine Beziehung zu der Welt herzustellen – durch die Mutter-Kind-Beziehung.[1] In diesem Fall handelt es sich um die Unmöglichkeit, „Leben" und „Leben geben" voneinander zu unterscheiden, was unweigerlich zu der Überidentifikation mit den Kindern führt.

Meiner Ansicht nach kann die gesamte Problematik der „Mutterliebe" und alle Aspekte der Mutter-Kind-Beziehung sowie der Teufelskreis, in dem die gesellschaftlichen und familiären Beziehungen miteinander verflochten sind, im Kontext der patriarchalischen Kultur erklärt werden, da diese Kultur die Figur der Mutter totschweigt. Ihre gesamte Kraft und ihr gesamtes Wissen werden ignoriert, und da die patriarchalische Kultur an ihrer Arbeit nichts Positives sehen kann, da diese ja nicht anerkannt, weitergetragen und verbreitet wird, vermag niemand ihr Anerkennung und Dankbarkeit entgegenzubringen, selbst ihre Kinder nicht. In dieser Kultur ist es folglich auch normal, dass die Abnabelung von Mutter und Kind (und insbesondere von Mutter und Tochter), um potentielle Freiheit voneinander zu erlangen, feindlich und konfliktträchtig verlaufen muss, weil keine andere Möglichkeit „denkbar" ist.

Iris spricht dagegen von einer „seelischen Beziehung" zwischen Mutter und Kind und versteht darunter eine sehr tiefe Bindung, die zu Anfang des Lebens eine im engsten Sinne des Wortes körperliche Bindung ist, jedoch weit darüber hinaus geht und das ganze Leben lang bestehen bleibt.

Das ist vermutlich auch der Ort, an dem das „wahre Wesen der Mutterliebe" zu finden ist.

Mutterschaft: Variationen zum Thema

Zu Beginn des Kapitels über die Mutterschaft habe ich ein Bild beschrieben, das ein typisches Beispiel der Volksikonographie der Schweiz darstellt und sehr häufig vor allem in öffentlichen Gebäuden zu finden ist. Dieses Bild hat Iris von Roten zu einer Reihe von Überlegungen über die Frau und über die Mutterschaft angeregt. Ihre Überlegungen stimmen mit denen von Luisa Muraro überein, die sie in einem Artikel äußert, der in dem Buch Il cielo stellato dentro di noi[2] von Diotima erschienen ist. In diesem Artikel beschreibt Muraro ein Kunstwerk, ein Triptychon des Künstlers Giambellino, das in der Kirche Santa Maria dei Frati in Venedig aufbewahrt wird. Das Triptychon zeigt Maria mit dem Kind im Arm, und um sie herum sind viele Männer, vier an jeder Seite. Die männlichen Figuren sind mit langen Umhängen bekleidet, einige haben einen langen Bart und tragen Gegenstände, die Macht symbolisieren, z.B. Befehlsstäbe oder Bücher. Es sind keine anderen weiblichen Figuren zu sehen außer Maria, die in der Mitte des Bildes allein mit dem Kind im Arm dargestellt ist. Die Übereinstimmung zwischen der Beschreibung und Deutung des Bildes bei Iris von Roten und des Triptychons bei Luisa Muraro ist verblüffend. Abgesehen von der Tatsache, dass das von Iris beschriebene Bild das Leben des Volkes darstellt und an einem der Öffentlichkeit zugänglichen Ort ausgestellt ist, während das von Muraro beschriebene Triptychon ein religiöses Bild darstellt, das in einer Kultstätte zu finden ist, stellen beide Werke den gleichen Sachverhalt dar. Die Frau mit dem Kind und die Madonna mit dem Kind sind beide von einem männlichen Publikum umgeben, das gleich gekleidet ist und die gleichen Machtsymbole in den Händen trägt. Bei dem Bild, das die Volksikonographie der Schweiz darstellt sind neben alten Männern auch einige junge Männer mit muskulösen Beinen und Hälsen zu sehen. Es ist interessant, die Parallelen zwischen beiden Darstellungen der Frau zu betrachten: sowohl die „normale" Frau als auch die „ausgewählte" Maria sind beide in ihrer Einsamkeit als Frauen und Mütter dargestellt, weitab und unbeteiligt demgegenüber, was hinter ihrem Rücken geschieht. Keine von beiden scheint etwas auszudrücken oder es nur versuchen zu wollen, sie sind einfach nur da, in einer männlichen Welt, die ihre Machtsymbole zur Schau stellt. In beiden Darstellungen, sowohl der weltlichen als auch der religiösen, stimmen die Situationen, oder besser gesagt die Visionen der Welt, überein, und das gleiche trifft auch auf die Art und Weise zu, in der die Frauen gezeigt werden. Es ist das Bild „der Mutter, des Weiblichen, so wie es von einer hegemonischen und institutionellen Gruppe erlebt wird".[3]

Diese Wahrnehmung der Welt basiert auf einer klaren Trennung zwischen Kultur und Natur, die Iris häufig erwähnt, wenn sie von der „Kaltstellung der Frauen" spricht, vom Ausschluss der Frauen aus dem gesellschaftlichen und öffentlichen Leben. Ich zitiere dazu Rosi Braidotti:

> Der Glaube an die natürliche, d.h. biologische theoretische Unterlegenheit der Frauen ist einer der Pfeiler, auf denen sich die politische und theoretische patriarchalische Ordnung begründet. Im Laufe der Jahrhunderte langen patriarchalischen Geschichte führte sie zur Abwertung der intellektuellen Fähigkeiten der Frauen, ihrer Kreativität, ihrer Intelligenz sowie zur Unterdrückung ihrer bürgerlichen und politischen Rechte, zu ihrem Ausschluss aus Orten, in denen Wissen vermittelt und „produziert" wurde.[4]

Der Ausschluss der Frauen aus den Orten, an denen Kultur geschaffen wird, ist die direkte Folge der Reduzierung der Frau auf ihre Rolle als Mutter. Adrienne Rich formuliert es wie folgt: „Wenn eine Frau ein Kind zur Welt gebracht und großgezogen hat, hat sie jene Aufgabe erfüllt, die das Patriarchat, das sich an die Physiologie klammert, mit der Definition der Weiblichkeit gleichsetzt. Die Mutterschaft ist jedoch nur ein Teil des weiblichen Wesens und keine permanente Identität."[5]

Wenn Iris über die Mutterschaft in all ihren diversen Stadien, von der Empfängnis über die Schwangerschaft und bis hin zur Geburt spricht, entsteht vor meinen Augen das Bild eines weiblichen Körpers, der wenig über sich spricht, von dem aber alle anderen sprechen. Dieser „Frauenleib" kommt mir wie ein „öffentlicher Ort"[6] vor, ein Leib, der wie ein öffentlicher Platz par exellence ist, von allen durchquert, ein Besitz von jedermann, über den alle etwas zu sagen haben. Diese Vorstellung kommt meiner Ansicht nach dem sehr nahe, was im Laufe der Geschichte mit dem Körper der Frau geschehen ist, „der als Objekt der medizinischen, biologischen und genetischen Wissenschaften zerpflückt wurde."[7] Jeder Bereich der Gesellschaft, die Wissenschaft, die Religionen, die katholische Kirche, der Staat, alle hatten über den Körper der Frau „etwas zu sagen", nahmen sich jedoch nur selten die Zeit, um zuzuhören, was dieser Körper und die Person, die in diesem Körper lebt, zu sagen haben. Es ist eine Tatsache, dass das Wissen vom weiblichen Körper in jeder beliebigen Disziplin an Grenzen rüttelt, fest etablierte Grundsätze sprengt und enorme methodologische Umwälzungen nach sich zieht. Bei der Frau gibt es niemals einen Unterschied zwischen dem Körper oder der Körpererfahrung einerseits und der geistigen Erfahrung andererseits, beide Aspekte bilden stets eine Einheit. Iris sagt dazu: „Der Grund ist einfach genug: für die Frauen kann der Geschlechtsakt folgenschwer sein, für die Männer ist er es an sich nie". Aus diesem Grunde, so Alessandra Bocchetti,

> [...] haben die Männer die Möglichkeit, sich von ihrem Körper abzugrenzen, sie sind sicherlich freier, denn sie sind nicht betroffen von diesen drei Problemfeldern, die für die Frauen so wichtig sind: für sie ist „Leben" nicht mit „Leben schenken" gleichzusetzen, ihr Körper ist schlicht und einfach ihr Körper, und ihr Körper ist nicht unbedingt die Beute von irgendjemandem.[8]

Iris bekräftigt jedoch, dass diese Differenz der Frau nicht anerkannt und nicht geschätzt wird, da „Anderswertigkeit jeder Art in der Demokratie grundsätzlich bedeutungslos ist". „Anders zu sein" wird dabei als Minderwertigkeit gegenüber einer als Vorbild geltenden Sache oder Person interpretiert.

Die Diskussion über die Geschlechterdifferenz veranlasst mich, auf einen Aspekt einzugehen, den Iris sehr treffend beschreibt und den ich in den Werken anderer Denkerinnen der Differenz ebenfalls vorgefunden habe. Die Frauen besitzen die Fähigkeit, Leben zu schenken, und empfinden aufgrund dieser Fähigkeit einen tiefen Respekt dem Leben gegenüber. Dieser Respekt verbietet es ihnen, an Machtspielen teilzunehmen, bei denen sehr häufig eben dieses Leben aufs Spiel gesetzt wird. Die Frauen, so Iris, haben kein Interesse am Krieg, weil sie alles zu verlieren und nichts zu gewinnen haben, und deshalb ist ihnen diese Art der Auseinandersetzung fremd. „Männer sind hingegen in der Lage, so viele Bomben für einen zukünftigen Krieg zu entwickeln, dass, wenn diese Bomben alle explodieren würden, das Leben auf unserem gesamten Planeten ausgelöscht wäre. Sie sind dazu in der Lage, weil sie sich von ihrem Körper abgrenzen können, und zwar so sehr, dass sie vergessen, dass auch sie selbst auf diesem Planeten leben."[9]

Auch Virginia Woolf spricht davon, dass der Frau die Machtausübung und die Kriegsführung fremd sind, denn „sich zu bekämpfen, war seit jeher eine Eigenschaft der Männer, und nicht der Frauen."[10]

Doch, so Bocchetti:

> Der Gedanke ohne Körper, der pure Gedanke, ist an seine Grenzen gestoßen; die Folge der Wissenschaft und des Fortschritts ist, dass wir um das Überleben aller Menschen auf unserem Planeten bangen müssen. Während die Erfindungen der Männer letztendlich zu ihrem Untergang führen werden, was gleichzeitig den Untergang aller Menschen auf der Erde bedeuten würde, so leisten die Frauen auch weiterhin schwere Arbeit, um das Leben zu erhalten.[11]

Das bedeutet nicht nur, dass sie unter Schmerzen neuen Menschen das Leben schenken, sondern auch, dass sie Zeit und Energie aufbringen, um für die Kinder, das Haus und die älteren Familienmitglieder zu sorgen. „In unserer Kultur gilt diese Arbeit als die natürliche Aufgabe der Frau. Doch das entspricht nicht der Wahrheit, es ist keine natürliche Aufgabe, sondern ein Beitrag, ein immenser Beitrag der Frauen. Im Laufe der Geschichte haben Frauen für sich selbst gekämpft, und für die Personen, die sie liebten. Sie haben gegen Kälte, Hunger und Schmutz gekämpft. Das waren ihre Kriege. Das waren die Kriege der Frauen."[12]

VI.

Wir brauchen neue Ideen, um unseren Lebensbereich zu ändern

Das Märchen vom Mann als dem „natürlichen Ernährer der Familie"

Iris von Roten fragt sich vor allem, ob die Aufgabe des „Ernährers" eine natürliche Aufgabe sei, und folglich, ob diese männliche Figur nicht lediglich einem immer und immer wieder erzählten Märchen entsprungen sei, als Ergebnis des Herauskristallisierens bestimmter Verhaltensmodelle, die einer bestimmten Tradition entstammen und in die Kultur zahlreicher Völker Einzug gefunden haben.

Spricht man von dem „natürlichen Ernährer" im wahren Sinne des Wortes, betont Iris, so kann es nur eine einzige Person geben, die dieser Definition entspricht, nämlich die stillende Mutter. Doch selbst in diesem Fall kann der Ausdruck „natürlich" keine absolute Gültigkeit haben, denn es gibt Fälle, in denen die Mütter fast gar keine Muttermilch haben, und zahlreiche Kinder wurden problemlos auch ohne Muttermilch großgezogen.

Doch abgesehen von der wörtlichen Bedeutung betont Iris, weshalb so gerne von einem natürlichen „Ernährer" gesprochen wird.

> Gerne spricht man vom natürlichen „Ernährer der Familie" im Sinne einer die verschiedenen sexuellen Funktionen der Geschlechter notwendigerweise begleitenden, unerlässlichen Grundlage des menschlichen Familienlebens. (von Roten 1992, 182)

Iris stellt sich die Frage, wie groß der Einfluss der Natur und wie groß dahingegen der Einfluss der Kultur bei der klaren Rollenverteilung in der Gesellschaft ist, und stellt nicht ohne Ironie fest, dass der Einfluss der Natur in der westlichen Kultur wirklich vielfältig war, insbesondere im Hinblick auf die Arbeitsfähigkeit der Frauen während der Schwangerschaft. So gab es Zeiten, in denen die Frauen eine tragende Rolle in der Wirtschaft der landwirtschaftlich geprägten Gesellschaft hatte. In solch einer Gesellschaft wurde die Schwangerschaft nicht als Arbeitshindernis gesehen, und so arbeiteten die Frauen auf den Feldern bis zum Augenblick der Geburt, um sofort danach wieder zur Arbeit zurückzukehren. In anderen geschichtlichen

Epochen, anderen Gesellschaftstypen und insbesondere in bestimmten Gesellschaftsklassen arbeiteten die Frauen weder vor noch während, noch nach der Schwangerschaft. Die ältere und jüngere Vergangenheit zeigen uns, wie die Schwangerschaft und die Arbeit manchmal eng miteinander verknüpft waren, zu anderen Zeitpunkten jedoch als völlig unvereinbar angesehen wurden.

Folglich, so Iris, wird die Arbeitsfähigkeit der Frauen während der Schwangerschaft nicht von dem Faktor „Natur" bestimmt, sondern vielmehr von zahlreichen kulturellen und sozioökonomischen Faktoren.

In der Tat ist der sogenannte natürliche Ernährer nicht Naturerscheinung, sondern das Resultat des Zusammenwirkens der verschiedensten Faktoren. Da ist einmal die Anmaßung der Männer, beruflich-wirtschaftlich-politisch das Heft in den Händen zu haben. Dann eine gewisse Bereitschaft der Frauen, eine Solidarität der Männer mit dem Nachwuchs à tout prix zu erkaufen. Und schließlich brachte das ungeheure Überhandnehmen der unselbständigen Arbeitnehmer diese Tendenz zur vollen Auswirkung. (von Roten 1992, 183)

Die Tatsache, dass sich in der Arbeitswelt eine einzige Person als Verantwortlicher für den Familienunterhalt durchgesetzt hat, und das Verschwinden der Familie als Gruppe, als Arbeitskraft, werden von Iris als „soziologische Neuerscheinung" bezeichnet. In der Vergangenheit, vor der Etablierung der kapitalistischen Gesellschaftsordnung, vor dem Einsatz technischer Hilfsmittel und bevor die darauffolgende Arbeitsteilung eine so große Bedeutung erlangte, sei es selbstverständlich gewesen, dass die Frauen und bis zu einem gewissen Ausmaß auch die Kinder am Produktionsprozess teilnahmen und zu ihrem Unterhalt beitrugen, und zwar nicht nur im ländlichen Milieu, sondern auch im Handel, und auch bei den freien Berufen. Die Arbeitsteilung wurde in der Regel aufgrund bestimmter körperlicher Merkmale der Männer und Frauen durchgeführt, doch häufig auch aufgrund der Sitten und Gebräuche der jeweiligen Gesellschaft. Innerhalb der Familie arbeiteten die Eheleute eng miteinander, und wenn die größere körperliche Stärke und größere Muskelkraft der Männer bei bestimmten körperlichen Arbeiten unentbehrlich war, so waren die Geschicklichkeit und Fingerfertigkeit der Frauen seit jeher in der Textilproduktion nützlich, einem Gebiet, auf dem die Frauen in jedem Abschnitt der menschlichen Geschichte einen entscheidenden Arbeitsfaktor darstellten. Die manuelle Arbeit im Textilsektor wurde nicht nur zu einem wahren „Frauenberuf", sondern bedeutete auch, dass die Frauen ihn von zu Hause aus ausführen konnten, neben den anderen Hausarbeiten, mit denen sie ohnehin schon belastet waren. Das Problem entstand erst zu dem Zeitpunkt, als sich der Arbeitsplatz von den eigenen vier Wänden nach außen verlagerte.

Je mehr nun die Hausarbeit allmählich den Charakter von Erwerbsarbeit verlor, das heißt keine Produkte auf den Markt brachte und zugleich als Selbstversorgungsarbeit relativ unwirtschaftlich wurde, um so entscheidender wurde die Arbeit des Mannes für das Auskommen der Familie, um so mehr war er „Ernährer". Aber nicht „natürlicher". Denn nicht die „Natur" machte ihn dazu, sondern das Schwinden des wirtschaftlichen Wertes der traditionellen Frauenarbeit, was der erreichten Zivilisationsstufe entsprach. (von Roten 1992, 185).

Im Laufe der Geschichte konnte immer wieder beobachtet werden, dass die Frauen als erste unter den Veränderungen, den Erschütterungen, den Krisen des Arbeitsmarktes zu leiden haben. Ebenfalls konnte immer wieder beobachtet werden, wie die Frauen „zyklisch" und mehr oder weniger gezwungenermaßen zum häuslichen Dasein zurückkehrten, um sich in Vollzeit ihrer Aufgabe als Ehefrau und Mutter zu widmen. Dieses Lebensmodell für die Frau, das nunmehr seit Jahrhunderten kodifiziert wurde, wird jedes Mal hervorgeholt, wenn es dafür eine gesellschaftliche, wirtschaftliche oder politische Notwendigkeit gibt.

In der Schweiz, so Iris, war im Jahre 1882 mehr als die Hälfte der Beschäftigten in der Textilindustrie weiblich. In der Zeit, die in dem Buch *Frauen im Laufgitter* beschrieben wird, nämlich von Mitte der 40er bis Mitte der 50er Jahre, stellen die Frauen nur noch ein Drittel der Arbeitskräfte in diesem Sektor dar. Das goldene Zeitalter der Frauenarbeit in der Textilbranche dauerte bis zum Jahre 1923 an, als in der Seidenindustrie 76 % der Beschäftigten weiblich waren. Iris betont die Tatsache, dass der Textilsektor ein typischer Frauensektor war und diese Arbeit in Zeiten günstiger Wirtschaftsentwicklung, als sie auch vom finanziellen Standpunkt her begehrenswert war, sofort das Interesse der Männer weckte, was sich für Frauen nachteilig auswirkte. Das galt insbesondere für verheiratete Arbeiterinnen, die in dem Fall bei Einstellungen diskriminiert wurden.

In Phasen des konjunkturellen Abschwungs waren es erneut die

Frauen, die als erste die Folgen zu spüren bekamen, vor allem in den Arbeitsbereichen, die als typisch „weiblich" galten.

Wie auch in allen anderen Teilen Europas, war in der Schweiz der 50er Jahre der Einfluss Amerikas und des amerikanischen Lebensstils in zahlreichen Bereichen des gesellschaftlichen Lebens deutlich zu spüren. In diesen Jahren des Wirtschaftswachstums und des wachsenden Wohlstandes erlebt auch Europa eine starke Mechanisierung der Hausarbeit und die Einführung der Haushaltsgeräte, die die schwierigsten Arbeiten der Hausfrau erheblich erleichtern. Auch das Bild der Frau soll scheinbar nach amerikanischem Vorbild verändert werden, wobei mit ihrem „Küchenoutfit" begonnen wird: die alte Leinenschürze wird durch den moderneren Hauskittel oder eine kurze, peppige Schürze ersetzt. Außerhalb des Hauses präsentiert sich die „neue" Frau modern, aufgeschlossen, jung und spontan, trägt ärmellose Oberteile und tiefe Dekolletés. Doch die Veränderungen, insbesondere diejenigen, die ihre Rolle als Ehefrau und Mutter betreffen, sind nur oberflächlich.

> Das Interesse der Mütter und Hausfrauen galt der Kindererziehung, dem Garten und der allgemeinen Atmosphäre im Haus. Berufliches Fortkommen des Ehemannes und Ausbildung der Kinder standen im Mittelpunkt, denn nur diese garantierten sozialen und materiellen Aufstieg. Frauen, die für ihre politische und rechtliche Gleichstellung eintraten, bildeten eine kleine Minderheit und waren meist über vierzig.[1]

Das seit Jahrhunderten konsolidierte, stereotype Bild ist das einer Frau, die vorwiegend mit der Familie und dem Haushalt beschäftigt ist und nur im Notfall, wenn die Einnahmen des Ehemannes nicht ausreichen, außerhalb des Hauses arbeitet. Das Essenzielle dabei ist, dass sich die Erwerbstätigkeit der Frau niemals auf ihre althergebrachte Rolle als Ehefrau und Mutter auswirken dufte, die auch weiterhin alleinige Aufgabe der Frau war.

> Heute sind es viel mehr die Tradition und der Wille der Männer, welche den Frauen die materielle Kindererziehung und die teils fundamental unrationell gewordenen Hausarbeiten als Hemmschuh im Erwerbsleben anhängen und auf diese Weise den Ehemann zum hauptamtlichen „Ernährer" der Familie frei machen, ihn als solchen in den Vordergrund stellen. (von Roten 1992, 185)

Iris bestätigt, dass die Männer im Berufsleben die althergebrachte

Arbeitsteilung bevorzugen, in der die Rolle der Frau und des Mannes klar definiert sind, „damit sie als 'Ernährer' funktionieren können. Über die Frauen sagt sie: „Ohne die Zurücksetzung der Frauen im Berufsleben und die aufgezwungene Haushaltsfron wären sie grundsätzlich durchaus fähig, sich selbst so gut wie diese Ernährer zu erhalten."

Iris hält es für geradezu unnatürlich, unvernünftig und irrational, die Frau in die Hausfrauenrolle zu drängen, da sie somit vom Ehemann abhängig wird. Durch diese Situation entstehen große Schwierigkeiten in dem Moment, in dem der Ehemann, der ja alleinverantwortlich für den Unterhalt der Familie ist, aus irgendeinem Grunde seine Aufgabe nicht mehr erfüllen kann oder will. Diese Situation ist für alle Frauen sehr schwierig, ganz abgesehen von ihrem gesellschaftlichen Status oder einem eventuell anfallenden Erbe. Nach dem Tod des Ehemannes entstehen für die Frau zwangsläufig große Schwierigkeiten, insbesondere wenn sie Kinder zu versorgen hat, da in dem Fall große finanzielle und organisatorische Probleme dringend gelöst werden müssen. In der Vergangenheit kamen der Witwe häufig die Freunde des verstorbenen Ehemannes, die Verwandten und auch der Staat zur Hilfe. Doch abgesehen von der Hilfe, die angeboten wird, geht es in diesen Augenblicken immer darum, das Leben selbst in die Hand zu nehmen, auf eine völlig neue Grundlage zu stellen und sich dabei vor allem auf sich selbst zu verlassen, was für viele Frauen eine völlig neue Erfahrung ist. Dieses Problem ist nicht über Nacht zu lösen, insbesondere nicht für Frauen, die ihr gesamtes Leben und das ihrer Kinder von einer anderen Person abhängig gemacht haben. Aus diesem und aus weiteren, bereits erwähnten Gründen behauptet Iris, dass die Figur des Mannes als „Ernährers" eine künstlich geschaffene Erscheinung ist, denn: Teilten die Ehegatten die Erziehungs- und Hausarbeit oder auch deren Überwachung unter sich auf, so stände zwei hauptamtlichen Ernährern der Familie nichts im Wege (von Roten 1992, 185).

Die Familie und die Organisation des Haushalts: für eine Neugestaltung der häuslichen Arbeit

„... Gleicher Anteil an der beruflichen wie an der
häuslichen Arbeit und gleiche Pflichten beim Betreuen
der Kinder und ihrer Erziehung, wobei beide genügend
Zeit hätten, sich dem Heim, der Familie und anderen
gemeinsamen Interessen zu widmen.

(Elisabeth Trübe-Becker)

Die Hausarbeit ist eines der Themen, denen sich Iris von Roten mit großer Leidenschaft widmet, da sie hier eines der größten Probleme sieht, das das Leben einer Frau an Tausende kleiner und großer zu lösender Aufträge kettet und auch einen der Hauptgründe für das Verschwenden weiblicher Energien darstellt.

Die Zeit, in der Iris ihr Buch schreibt, ist von großen technischen Veränderungen im Haushalt geprägt, da in den 50er Jahren die erste Generation moderner Haushaltsgeräte eingeführt wird. Kühlschränke, Waschmaschinen, Spülmaschinen, Staubsauger, Schnellkochtöpfe und Küchenmaschinen halten Einzug in europäische Haushalte. Diese neuen Symbole der modernen Zeit und des wirtschaftlichen Wohlstandes werden sehr bald aus dem Haushalt nicht mehr wegzudenken sein und einen beachtlichen Einfluss auf die Lebensqualität der Frauen haben. Doch abgesehen von den technischen Neuigkeiten, wie wird ein Haushalt in jenen Jahren eigentlich geführt?

Die von der Frau verrichtete Hausarbeit stellt für Iris in unserer Kultursphäre ein wesentlicher Bestandteil der Ehe dar, „ist praktisch ihre Essenz". Da unsere Gesellschaft nach männlichem Muster errichtet wurde und die Ehe als Institution ein Ergebnis dieser Kultur ist, so entwickelt sich automatisch der Gedankengang, dass in der Ehe als einem Leben zu zweit der Mann die Funktion des „Ernährers" zu erfüllen hat und die Frau für all das zuständig ist, was innerhalb der häuslichen vier Wände geschieht, also für das Familienleben, das zwei Dreh- und Angelpunkte hat, nämlich die Organisation der Hausarbeit und das Versorgen der Kinder. Aus diesem Grund stellt Iris den Grundgedanken einer so definierten Ehe in Frage, deren Basis die nach Geschlechtern geteilten Arbeits- und Verantwortungsgebiete sind. In diesem Zusammenhang macht Iris folgende Feststellung über die Verwendung der Sprache, die ja maskulinisiert ist und häufig viel über die Mentalität und die herrschende Ordnung enthüllt: „Von einem Beruf als Gatte und Vater hat man nie gehört. Der Beruf als Gattin und Mutter dagegen ist in aller Mund."

Betrachten wir einmal, woraus eigentlich dieser Beruf der Ehefrau und Mutter besteht, wie er üblicherweise betrachtet wird, welche Arbeitszeiten er erfordert und welche konkreten Vorschläge Iris anbietet, um diese von einer einzigen Person, nämlich der „Gattin" und „Mutter", in Vollzeit durchgeführte Tätigkeit, zu reorganisieren, was zu einem völlig neuen Familienleben führen und sich auch auf das gesamte gesellschaftliche Leben auswirken würde. Eine der zeitaufwendigsten Aufgaben in diesem Zusammenhang ist „die Kocherei".

Grimmig an der Kocherei ist jedoch, dass sie drei Mal täglich, jahraus, jahrein, ein Leben lang, erfolgen muss. Morgen-, Mittag- und Nachtessen bilden den Kern des Haushaltservituts der „Frau und Mutter". Dies nimmt ihren Tag derart zerstückelt gefangen, dass sich so anspruchsvolle Arbeit wie die ganztätige berufliche kaum glücklich mit ihr kombinieren lässt. (von Roten 1992, 417-418).

Die Kocherei ist jedoch nur der zweite Akt einer anderen Aufgabe, die vorher erledigt werden muss: das Einkaufen. Im Anschluss daran muss die Frau mitten am Vormittag ungefähr drei Stunden zwischen Küche und Esszimmer verbringen „oder sich zumindest ihr Geist in diesen Räumen aufhalten".

Die Frauen, die „von der Monumentalität dieser mittäglichen Abfütterungspflichten nichts wissen wollen" und die in den Kindertagesstätten, Schulküchen und Werkskantinen eine tragbare Alternative zu dem beschriebenen Zwangsritual wie auch eine notwendige Voraussetzung für die Wahrnehmung jeglicher Berufstätigkeit sehen, werden sehr skeptisch betrachtet und sofort „als unnatürlich oder sonst verdächtig, als Defaitistinnen, Kommunistinnen ..." und sogar als „entartete Mütter" etikettiert. Solche Frauen gab es auch in der Schweiz, wo „der Vorschlag, mit Krippen, Horten und Kindergärten die Mütter zu entlasten, auf viele Menschen wie ein rotes Tuch wirkte".

Und weshalb sollten Mütter, die bereit sind, ihre Kinder täglich sechs bis acht Stunden in die Obhut von Säuglingspflegerinnen, Hortnerinnen und Kindergärtnerinnen zu geben, um einer Berufsarbeit nachzugehen, „entartet" sein? (von Roten 1992, 460).

Dies war die vorherrschende Meinung in der Schweiz vor einem halben Jahrhundert, doch auch heute noch herrschen in einigen europäischen Ländern ähnliche Vorurteile in Bezug auf die außerfamiliäre Kinderbetreuung.

Es ist interessant zu beobachten, wie es in einigen Ländern, in denen der Staat konkrete Bemühungen zur bestmöglichen Vereinbarkeit von Beruf und Kinderbetreuung unternommen hat, gelungen ist, wenn auch auf ganz unterschiedliche Art und Weise, die dazu notwendigen Einrichtungen zu schaffen, wie z.B. Ganztagsschulen mit Kantinen in der Nähe des Arbeitsplatzes, damit die organisatorischen Schwierigkeiten für die Frauen leichter überwunden werden können. Bei genauerer Untersuchung kann festgestellt werden, dass dies vor allem (jedoch nicht ausschließlich) in kommunistisch regierten Ländern geschehen ist. An dieser Stelle wird die Situation in der ehemaligen DDR als Beispiel genommen. Dabei ist die Schaffung dieser Einrichtungen nicht als ein Akt besonderer Großzügigkeit des Staates gegenüber den Frauen zu bewerten, sondern entspringt vielmehr der konkreten politischen Strategie, die in dem „Frauenkollektiv" einen entscheidenden Arbeitsfaktor für die staatliche Wirtschaft sah. Iris fragt sich jedoch:

[...] wer sagt eigentlich, dass Krippen, Horte und Kindergärten staatlich organisiert sein und den Charakter von Waisenhäusern altmodischen Stils haben sollen? Niemand! Ist es tatsächlich möglich, dass man sie sich nicht auf privatwirtschaftlicher Basis vorstellen kann, weil in der Schweiz solche Institutionen meist als eine Art Unterstützung unbemittelter Mütter, die „arbeiten gehen müssen", aufgezogen worden sind! (von Roten 1992, 459)

Als Schlussfolgerung aus der Assoziation „Staatliche Strukturen – kommunistische Länder – bedürftige Arbeiterinnen" entstand die Vorstellung, staatliche Einrichtungen, vor allem diejenigen für die

Kinderbetreuung, seien eine Art lieblose Unterbringungsmöglichkeit für unglückliche Kinder, deren Mütter gezwungen sind, zu arbeiten und einen „Aufbewahrungsplatz" für ihre Kinder brauchen, während sie am Arbeitsplatz sind. Diese Ideen fanden vor allem in kapitalistischen Ländern Anklang, und wurden häufig verwendet, um in periodischen Abständen die Vorteile einer Gesellschaftsordnung zu betonen, die seit Jahrtausenden fest in der Geschichte verankert ist und in der das Private und das Öffentliche strikt voneinander zu trennen sind. Es ist, so Iris, nicht einzusehen, weshalb „[...] Kinderhüten und Kindererziehen weitgehend und fast untrennbar mit Hausarbeit verkoppelt werden und diese Verkoppelung ein wesentliches Hindernis der Eliminierung ehefraulicher Haushaltsfron bildet", und weiter, „je mehr Hausarbeit die Frauen auf sich nahmen, um so mehr konnten die Männer sich auf außerhäusliche Erwerbsarbeit konzentrieren, was wiederum auf die Frauen zurückwirkte, sie erst recht an Haus und Kinder band." (von Roten 1992, 458).

Somit ist zu erklären, weshalb in einem kapitalistischen Land par excellence wie der Schweiz die Idee, ein Problem, das Familien betraf, durch den Staat zu lösen, nur wenige Unterstützer und noch weniger Unterstützerinnen fand, und weshalb auch heute noch in verschiedenen europäischen Ländern, in denen das Interesse besteht, einen gewissen „Status quo" zu erhalten, auf dieser Schiene fortgefahren wird. Natürlich umfasst die Hausarbeit nicht nur die Zubereitung der drei Hauptmahlzeiten, sondern auch eine ganze Reihe weiterer „Aktivitäten", wie z.B. die Hausreinigung und andere Tätigkeiten, die mit der Befriedigung materieller Bedürfnisse zusammenhängen. Die „Hausherrin" ist für die Aufrechterhaltung einer gewissen Ordnung verantwortlich, für die fröhliche Atmosphäre, die das Haus ausstrahlt sowie für das Wohl aller Familienmitglieder. Für die Person, die diese voneinander sehr unterschiedlichen Aufgaben erfüllt, wurde in der Sprache die Bezeichnung „Hausfrau" geprägt, die nicht zufällig immer dann fällt, wenn von dem „Ernährer der Familie" die Rede ist. Es ist bezeichnend, wie diese beiden Ausdrücke immer gemeinsam auftauchen, als ob sie sich gegenseitig ihre Existenzberechtigung sichern. In der Tat können diese beiden Rollen ohne einander nicht existieren. Iris betont, dass das amerikanische Wort „homemaker" dabei weniger falsch klingt und konkreter als der Ausdruck „Beruf als Frau und Mutter", der zu häufig idealisiert und wie folgt in höchsten Tönen gelobt wird: „Die [...] Hausarbeit [...] ist Arbeit von unerhörtem Wert, sie ist unbezahlbar. Sie ist ganz und gar nicht minderwertiger als die Berufsarbeit des Gatten (obwohl dieser niemals tauschen würde)". Ironisch fährt sie fort: „Die Hausarbeit der Frau ist nicht minderwertig, sondern anderswertig, ist in ihren echten Weiblichkeit so ganz unvergleichlich." (von Roten 1992, 448)

Im Vergleich dazu ist „homemaker" ein stärker technikbezogener, nüchterner Ausdruck, der jedoch den wahren Aspekt betont und eine Person bezeichnet, die gleichzeitig zahlreiche Aufgaben erfüllt, jemanden, der wörtlich „das Haus macht".

Je nach Zugehörigkeit zu einer höheren oder niedrigeren Gesellschaftsschicht unterscheidet sich die Bandbreite der zu erfüllenden Aufgaben beträchtlich; in den niedrigeren Gesellschaftsschichten ist es nicht unüblich, dass die Frauen in anderen Haushalten oder in Fabriken arbeiten müssen, um ein Existenzminimum zu erwirtschaften. Diese Frauen, so Iris, sind genauso arm wie ihre Ehemänner, haben jedoch ein weitaus schwierigeres Leben. Sie haben nicht nur geringere Chancen, einen akzeptablen Arbeitsplatz zu finden, sondern müssen nach dem Arbeitstag noch für die Männer, Kinder und für sich selbst kochen, putzen und waschen.

> Wie arm der Ehemann auch sein mag, er findet doch sein Essen auf dem Tisch, Kleidung und Wohnung einigermaßen in Ordnung. Seine Frau hingegen findet bei all ihrer häuslichen und außerhäuslichen Arbeit nur wenige Konsumationsgüter in genussfertigem Zustand vor. Sie erwartet bei ihrer Heimkehr weder eine saubere Wohnung noch ein gedeckter Tisch. (von Roten 1992, 434)

In diesem Fall wird die Frau durch die Hausarbeit zusätzlich bestraft, wodurch ihre Lebensqualität weit unter die ihres Ehemannes sinkt, obwohl theoretisch beide der gleichen Gesellschaftsschicht angehören. Das tatsächliche Ausmaß der Hausarbeit gestaltet sich in anderen Gesellschaftsschichten sehr unterschiedlich und hängt vom Bildungsgrad der Frau, von der Kinderzahl und der finanziellen Situation ab. In den mittleren Gesellschaftsschichten war es jedoch üblich, die Töchter, Schwestern und Mädchen mit den häuslichen Tätigkeiten vertraut zu machen.

Wenn schon die Mütter zur Haushaltfron geboren sind, so die Töchter zur Mitarbeit. Diese Mütter wären die letzten, den ungeschriebenen Regeln, die nichtsdestoweniger eisern sind, weil hinter ihnen die usurpierte Vormachtstellung des Männerkollektives steht, zu wiedersprechen. Also bleibt ein redlich Teil der Haushaltfron der emsigen Hausfrauen auf ihren Töchtern sitzen, die je nach Alter gewissermaßen als zur Familie gehörende Stundenfrau amtieren müssen. (von Roten 1992, 438)

Die hausfraulichen Tätigkeiten waren ein wesentlicher Teil des gesamten theoretischen Wissens, das die Mütter aus den mittleren Gesellschaftsschichten ihren Töchtern beibrachten. Diese mussten nicht nur lernen, die Hausarbeit zu organisieren, sondern darüber hinaus auch die Hauswirtschaft beherrschen. Was die Hausfrauen aus der Mittelschicht von denen aus der Oberschicht unterschied, war „die Befreiung vom handgreiflichen Kontakt mit Schmutz und größere Bewegungsfreiheit", da die Zeit, die sie sonst mit Putzen verbracht hätten, für die persönlichen Bedürfnisse genutzt werden konnte. Diejenigen, die sich für die unterschiedlichen Hausarbeiten, wie z.b. Vorbereitung der Mahlzeiten, Hausreinigung, Gartenpflege, Kinderhüten, usw. Dienstpersonal leisten konnten, hatten die Möglichkeit, frei über die eigene Zeit zu verfügen und anderen, weltlichen Dingen nachzugehen, auch wenn erwähnt werden muss, dass die Überwachung und Anleitung der Dienstboten relativ viel Zeit in Anspruch nahm. Dazu Iris: „Zwar kann die Dame mit zwei und mehr Dienstmädchen die Hausarbeit aus den Händen geben, aber nicht sich gänzlich aus dem Kopf schlagen." Und weiter: „Denn Anweisungen, Kontrolle und selbst Oberaufsicht allein verursachen immer Arbeit, um so mehr, je gehobener der Lebensstandard ist."

Lernen, das Hauspersonal anzuleiten, die Aufgaben unter ihm aufzuteilen, die Arbeit zu organisieren und zu überwachen – all das gehörte ebenfalls zur Erziehung der Mädchen, insbesondere in den gehobenen Gesellschaftsschichten. Eine solche Organisation des Haushalts spiegelt die privilegierte Situation eines Teils der Gesellschaft wieder. Weitaus stärker verbreitet ist jedoch die Situation, in der die Frauen alleine auf ihren Schultern die gesamte Last der Hausarbeit und der Kindererziehung tragen.

Es stellt sich also die Frage, ob es eine praktikable Lösung für die Verrichtung der Hausarbeit gibt, ob es möglich ist, die Hausreinigung auch in kürzerer Zeit durchzuführen, und welche konkrete Hilfe uns die Wissenschaft und Technik bieten. Für Iris ist die Grundfrage jedoch eine andere: Inwieweit sind die Familienmitglieder bereit, einen Teil der Hausarbeit zu übernehmen, inwieweit ist der Ehemann bereit, sich an der Kindererziehung zu beteiligen, und andererseits, inwiefern noch das alte Verhaltensmuster gilt, und zwar auch bei jüngeren Generationen, dieser Gedanke, der jede mögliche Initiative blockiert und jahrtausendelang die Welt in eine obligatorische Richtung gedrängt hat: Warum etwas tun, wenn „die Frau dazu da ist?"

Die Grundvoraussetzung, die es einer verheirateten Frau ermöglicht, sich der Bürde der Hausarbeit zu entledigen, ist für Iris von Roten „wirtschaftlich und psychologisch nur tragbar, wenn sie für den entsprechenden finanziellen Aufwand selbst aufkommen kann. Der Weg dazu ist die eigene Erwerbstätigkeit."

Iris betont, die erste und unabdingbare Voraussetzung dafür sei eine „außerhäusliche Hilfe", eine öffentliche Struktur oder eine Person, die es einer Frau mit Kindern ermöglicht, täglich einer beruflichen Tätigkeit nachzugehen, und die sich ebenfalls an der Kinderbetreuung beteiligt, vor allem zu jenen Zeiten, in denen die Kinder nicht in der Schule sind. Als zweites weist Iris auf die Notwendigkeit hin, eine alternative Lösung zur Verkürzung der sich ständig wiederholenden Hausarbeit zu finden. Dies hält Iris nur dann für möglich, wenn die Frau ihre außerhäusliche Arbeit mit maximaler Seriosität angeht und mit Überzeugung und Selbstrespekt die eingespielten Regeln des Zusammenseins zwischen den Mitgliedern ihrer Familie ändern kann. Eine der deutlichsten Tendenzen hierbei (obwohl glücklicherweise eine kleine Veränderung zum Besseren beobachtet werden kann), ist eine zu geringe Beteiligung des Partners an der Hausarbeit. In dem Augenblick, in dem beide Partner eine berufliche Tätigkeit ausüben, gelten keine Rechtfertigungen und Argumente mehr, die auf der Rollenverteilung beruhen. Sind beide Partner für das Familieneinkommen verantwortlich, so können sie auch gemeinsam die praktischen Aspekte der Haushaltsführung lösen und, was noch viel bedeutender ist, die Kinder gemeinsam erziehen.

Um diese Ideen zu konkretisieren und zu verwirklichen, sieht Iris die dringende Notwendigkeit, die traditionelle Organisation des Tagesablaufs zu rationalisieren und die Arbeitszeit effektiver zu koordinieren.

Solcher Rationalisierung und Koordination entspräche vor allem die [...] Verschiebung der täglichen Hauptmahlzeit von der Mitte der Arbeitszeit an deren Ende. Denn in der Mitte des Tages ist sie [...] ein Fels des Anstoßes. Bewirkt sie doch eine Spaltung der Arbeitszeit, die von dieser weit mehr als eine schöpferische Pause – während der das Mittagessen geschöpft wird – wegreißt. Die Vorbereitungen für das Essen belasten die Vormittagsstunden, und das anschließende Abwaschen und Aufräumen nagt sozusagen den Nachmittag an. Es steht absorbierender außerhäuslicher Erwerbsarbeit der Frau entgegen. (von Roten 1992, 454)

Weshalb also nicht, zumindest im Rahmen des Möglichen, den Beginn der Arbeitszeit mit dem Beginn des Schulunterrichts und der Öffnung der Kinderbetreuungsanstalten in Einklang bringen? Das wäre Iris' Meinung nach der erste Schritt zu einer höheren Lebensqualität für alle, zu einer neuen Art des Zusammenlebens in der Familie, einer neuen Art, die Arbeit und die Freizeit zu gestalten. Um beiden Eltern die realistische Ausübung ihrer Berufstätigkeit und gleichzeitig ein glücklicheres Familienleben zu ermöglichen, schlägt Iris folgende Organisation des Tagesablaufs vor:

Die Erwerbsarbeit begänne morgens ein bis zwei Stunden später, würde mittags nur für einen kurzen Imbiss an der Arbeitsstätte unterbrochen und dauerte nicht mehr bis zum Abend, sondern erstreckte sich nur noch in die Mitte des Nachmittags. Die Familie sähe sich bei Tageslicht wieder – im Sommer sogar beim Sonnenschein – und könnte nun gemeinsam und gemütlich den Rest des Tages verbringen. Er reichte für eine ausgedehnte Mahlzeit, den Rest der persönlich zu besorgenden Hausarbeiten und eine vergnügliche Freizeit aus. (von Roten 1992, 455)

Die Kernbedingung, um eine solche Veränderung der gesellschaftlichen Ordnung zu verwirklichen, ist das Bestehen hochqualifizierter und kindgerechter öffentlicher oder privater Strukturen mit flexiblen Öffnungszeiten, die mit den Arbeitszeiten vereinbar sind. Diese Kinderbetreuungseinrichtungen könnten ein völlig neues Erscheinungsbild erhalten, wenn der Staat und private Institutionen nicht nur Geld investieren, sondern auch Ideen einbringen, um wertvolle Kinderprojekte zu verwirklichen. Iris betont, solche hochqualifizierten Einrichtungen zur Kinderbetreuung könnten zu einem Schmuckstück jeder wahren Demokratie werden, und es sei absurd, sie weiterhin als vom kommunistischen System geprägte Strukturen zu betrachten. Ein großes Hindernis nicht nur für die Ausübung einer außerhäuslichen beruflichen Tätigkeit, sondern auch paradoxerweise für die Verrichtung alltäglicher, außerhäuslicher Erledigungen sieht Iris auch in der Art und Weise, in der das Schulsystem organisiert ist. Sie bezieht sich dabei auf die Schulen in deutschsprachigen Ländern der 50er Jahre.

> Eine Ordnung, wie die bei uns geltende, wonach das eine Kind um sieben, das andere um acht, das dritte um neun Uhr in die Schule und das Kleinste auf zehn Uhr in den Kindergarten beordert werden muss und wiederum eines um zehn, das andere um elf und die restlichen um zwölf Uhr heimgeschickt werden – der Nachmittag bringt eine ähnliche Staffelung –, versklavt die Eltern, das heißt die Mutter, anstatt ihnen zu helfen. Es ist eigentlich eine Zumutung, dass die Mutter von zwei bis drei schulpflichtigen Kindern allein schon wegen der Schulstundenpläne derart mit Beschlag belegt wird. Sie kann ja kaum zwei Stunden hintereinander dem Heim fernbleiben, wenn sie beim Fortgang und der Rückkehr der Kinder zu Hause sein will, was bei kleineren nötig ist. (von Roten 1992, 455)

Diese Zustände entsprechen leider bis heute der Realität und beschreiben ein Problem, von dem nur die Frauen betroffen sind und das sie Tag für Tag zu meistern haben: ihren immensen Beitrag in einer Gesellschaft, die ihnen gegenüber ein offenkundiges Desinteresse entgegenbringt und in der sich die Frauen angesichts der enorm wichtigen Aufgabe der Kindererziehung fremd und alleingelassen fühlen.

Nicht zu vergessen im Zusammenhang mit dem Schulsystem sei das „technische Problem" der Hausaufgaben, die die Kinder normalerweise am Nachmittag zu Hause verrichten, da dies ein weiterer Aspekt des Schulsystems ist, der nur die Frauen bestraft, die je nach Menge der Hausaufgaben und Anzahl der Kinder täglich mindestens eine bis zwei Stunden damit verbringen müssen. Dieses Problem kann, so Iris, relativ einfach gelöst werden, wenn die Arbeitszeiten und die Schulzeiten angeglichen oder zumindest besser miteinander vereinbar wären. Für diesen Fall bietet sich die Ganztagsschule an, in der die Kinder die Zeit bis in die Mitte des Nachmittags verbringen, was in zahlreichen Ländern auch schon praktiziert wird. Das Nachmittagsprogramm in diesen Schulen umfasst neben anderen Aktivitäten auch die Beschäftigung mit den Hausaufgaben. Iris macht an dieser Stelle eine Bemerkung von historischer Tragweite und bestätigt, dass es Jahrhunderte lang selbstverständlich war, die Betreuung und Erziehung der Kinder ausgebildeten Personen anzuvertrauen;

zuerst den Ammen und Säuglingspflegerinnen, die in der Familie lebten, und später spezialisierten Strukturen, die sich zu wahren Institutionen entwickelt haben, nämlich den Internaten. Ein absolutes Novum für die Situation in der Schweiz, so Iris, wäre die Idee der außerhäuslichen Kinderbetreuung.

Eine weitere Möglichkeit, die Erledigung der Hausarbeit beträchtlich zu verkürzen, ist die Einbeziehung aller Familienmitglieder. Hierin sieht Iris eine sehr sinnvolle und konkrete Möglichkeit, die das Problem vielleicht nicht gänzlich, doch zumindest teilweise lösen würde, und beleuchtet einen sehr interessanten Aspekt: „Sähen die Kinder beide Eltern an der Hausarbeit, so wären sie geneigter, mitzuhelfen, weil die Hausarbeit damit den Charakter einer Gemeinschaftsangelegenheit hätte." Dies würde auch die Herausbildung der traditionellen Rollenverteilung innerhalb der Familie verhindern, und die Kinder könnten frei von Vorurteilen und Stereotypen aufwachsen, von denen die patriarchalische Kultur eine Fülle zu bieten hat, und gleichzeitig würde damit die Beziehung zwischen den Eltern und Kindern, und insbesondere zwischen dem Vätern und den Kindern gefördert werden. Iris begründet die folgendermaßen:

Denn auf diese Weise wären die Familienangehörigen mehr beieinander, man hätte mehr gemeinsam zu tun und damit einander auch mehr zu sagen. Man wäre sich gegenseitig weniger langweilig, als wenn die Frau in ihrem Haushalt, der Mann im Beruf aufgeht und die Kinder so bald wie möglich die Augen von der trüben Symbiose ihrer Eltern abwenden. (von Roten 1992, 463-464)

Dieser Aspekt, den Iris schon damals hervorgehoben hat, scheint mir von enormer Bedeutung zu sein und ist auch heute, fünfzig Jahre später, noch extrem relevant. Mit ihrer Lebensführung, ihren Entscheidungen und ihren Handlungen könnten die Eltern mit eigenem Beispiel diese Veränderungen voranbringen, die immer häufiger und von immer mehr Seiten gefordert werden. Andererseits könnten somit auch „die Kinder von Anfang an ihre Beziehung zu beiden Geschlechtern entwickeln und sich in der Interaktion mit beiden die eigene Identität entwickeln".[2] Eine Neugestaltung des Familienlebens scheint für Iris von Roten der erste Schritt bei der Veränderung jener gesellschaftlichen Strukturen zu sein, die bereits zu der Zeit, als sie ihr Buch schrieb, erste Risse erkennen ließen.

Ideen und Vorschläge für die Neugestaltung aus der „gemeinsamen Welt der Frauen"

> „Zum Paradigmenwechsel würde auch gehören,
> dass es an allen allgemein bildenden Schulen ein
> Unterrichtsfach ‚soziales Management' gibt,
> und zwar für Jungen und Mädchen, um Haus-
> haltsführungskompetenz zu erwerben."
> (Monika Bunte)

Im Hinblick auf die Organisation der Kinderbetreuung und der Hausarbeit habe ich große Übereinstimmungen in den Ideen, Vorschlägen und neuen Organisationsmodellen zwischen Iris von Roten, der Amerikanerinnen Nancy Chodorow und Adrienne Rich sowie der Europäerin Luce Irigaray gefunden.

Iris ist chronologisch gesehen den amerikanischen Theoretikerinnen voraus, da ihre revolutionären Ideen und Vorschläge (die größtenteils auch heute noch revolutionär wären), auf die 50er Jahre zurückgehen, die Zeit, in der sie ihr Werk *Frauen im Laufgitter* zu schreiben beginnt. Das Buch wird im Jahre 1958 veröffentlicht, nachdem Iris von Roten zehn Jahre ihres Lebens der „gemeinsamen Welt der Frauen" gewidmet hat, und ungefähr fünfundzwanzig Jahre bevor in den Vereinigten Staaten jene Gedankenform Gestalt annahm, deren Wortführerinnen Mary Daly, Adrienne Rich, Evelyn Fox-Keller, Nancy Chodorow und andere waren. Zu der Zeit, als Iris in ihrem Buch die weibliche Welt beschreibt und analysiert, war diese Welt von den Befreiungskämpfen noch weit entfernt. Erst Ende der 70er Jahre gingen die europäischen Frauen auf die Straßen, um gegen die Männerherrschaft zu protestieren. Für die schweizer Frauen wird der Befreiungsprozess viel länger andauern als in den meisten anderen europäischen Ländern, und ihre Situation als „Frauen im Laufgitter" wird viel schwieriger zu überwinden sein als anderswo.

Von Roten und Chodorow gehen beide von der Idee aus, dass eine andere Organisation der Kinderbetreuung und der Hausarbeit möglich ist, eine Organisation, die den Partner, und auch die Geschlechterdifferenz berücksichtigt. Beide stellen sie Folgendes fest: „Das Auge gewöhnt sich schnell daran, eine Frau an der Stelle eines Mannes zu sehen, wenn sie Funktionen erfüllt, die von einer von Männern erdachten Gesellschaftsordnung vorgesehen sind."[3]

Chodorow ist der Meinung, dass die Schaffung einer Gesellschaft, in der sich die Frauen wirklich miteinbezogen fühlen würden und nicht gezwungen wären, ein Marginaldasein zu führen, „die Notwendigkeit einer radikalen Veränderung des Systems der Kinderbetreuung erkennen muss, in dem sich Männer und Frauen von Anfang an gleichermaßen um die Kinder kümmern würden."[4] Welche sind jedoch die Schwierigkeiten, die diese immer dringender erscheinende Veränderung verhindern oder erheblich verzögern?

> Die gegenwärtigen Probleme entstehen aus den potentiellen inneren Widersprüchen, die in der Familie und der Rollen der Geschlechter in der Gesellschaft bestehen: Dem Wiederspruch zwischen der Mutterfunktion und der Beziehung zum anderen Geschlecht, zwischen der Mutterfunktion und der Selbstbestimmung in Bezug auf die Töchter sowie zwischen dem Bewusstsein der emotionalen Verbundenheit und dem Bewusstsein der männlichen Identität in Bezug auf die Söhne.[5]

Nancy Chodorow betont, dass sich die Situation für die Frau in dem Moment dramatisch verschlechtert hat, als die Frauen verstärkt auf dem Arbeitsmarkt präsent wurden, jedoch auch weiterhin ihre Mutterrolle zu erfüllen hatten und die Alleinverantwortliche für den „häuslichen Sektor" waren. Die familiären Spannungen, die daraus entstehen, sind enorm, und die Frauen haben ein starkes Gefühl der Entfremdung angesichts solch einer Organisation des gesellschaftlichen Lebens, in der ihre Gedanken und ihr Begehren außer Acht gelassen werden. Im Gegensatz dazu wird von den Frauen erwartet, „Vollzeit-Mütter und gleichzeitig ein Teil der arbeitenden Bevölkerung zu sein", auch wenn sie der völlig absurden Verurteilung ausgesetzt sind, dass sie „als schlechte Mütter betrachtet werden, wenn sie Kindertagesstätten in Anspruch nehmen, als präpotent und unvernünftig, wenn sie Hilfe von ihren Ehemännern erwarten, und als faul, wenn sie, alleingelassen, entsprechende Unterstützung vom

Staat erwarten, um zu Hause bei den Kindern bleiben zu können."[6] Die Schwierigkeiten entstehen, wie bereits gesehen, daraus, dass für die Frau und folglich auch für die Familie seit Jahrhunderten nur ein einziges Lebensmodell anerkannt wird, und eine direkte und ehrliche Auseinandersetzung, in der beide Seiten, nämlich Frauen und Männer, im ehrlichen Dialog zueinander stehen würden, immer wieder verschoben wird. Dieser ehrliche Dialog zwischen den beiden Geschlechtern ist jedoch absolut notwendig, um eine neue Art des Zusammenlebens miteinander zu schaffen.

Chodorow und von Roten sind sich einig, dass dieser Dialog erst dann beginnen kann, wenn beide Partner bereit sind, die Kindererziehung, -betreuung und -pflege gemeinsam zu übernehmen, was für alle Beteiligten, die Mütter, die Väter und die Kinder, deutliche Vorteile mit sich brächte. Hier eine Passage von Chodorow, die aufzeigt, was die erste wichtige Auswirkung der gemeinsamen Kinderbetreuung wäre:

> Die gemeinsame Kinderbetreuung seitens beider Elternteile würde die positiven Eigenschaften beider Geschlechter berücksichtigen, ohne sie noch weiter zu verschärfen, was zerstörerische Folgen hat, wie wir heute häufig beobachten können. Jede Person, die in ihren primären Beziehungen Liebe erlebt hat, trägt bereits die Grundlage für die Liebe und Hingabe in sich, und die Frauen würden diese Qualitäten nicht verlieren, nur weil Männer sie dazugewinnen würden. Die Männer hingegen würden ihre Autonomie, die sich aus ihrem „Anderssein" ergibt, beibehalten, ohne dass diese rigide und reaktiv sein muss, während die Frauen ihre Unabhängigkeit leichter erreichen könnten.[7]

Wie leicht zu erkennen ist, wären die Auswirkungen, die sich aus einer solchen Veränderung der gesellschaftlichen Ordnung ergäben, enorm und würden alle Bereiche des gesellschaftlichen Lebens beeinflussen. Adrienne Rich betont: „Wenn sich die Männer um die Kinder kümmern würden, würden sie selbst aufhören, Kinder zu sein." Dies scheint mir sehr treffend, wenn man bedenkt, dass die Männer seit jeher die Privilegien der Vaterschaft beansprucht, jedoch nur einen relativ geringen Beitrag geleistet haben (abgesehen von der Teilnahme am Moment der biologischen Zeugung). Diese Neugestaltung würde jedoch noch weitere Vorteile mit sich bringen: Der Mann, so Chodorow, bräuchte nicht mehr so vehement seine Männlichkeit verteidigen, und diese Männlichkeit müsste sich nicht mehr durch die Abwertung der Frauen definieren. Außerdem würden die Männer lernen, all jene Tätigkeiten zu respektieren, die mit der Pflege zusammenhängen (nicht nur der Pflege der Kinder, sondern auch der älteren Familienmitglieder, des Hauses, der Kontakte ...), was dazu führen würde, dass diese Tätigkeiten aufgewertet würden (was immer geschieht, wenn Männer in einen Tätigkeitsbereich eindringen). Solch eine neue Aufteilung der Hausarbeit und der Kinderbetreuung verliehe den Frauen nicht nur ihr unantastbares Recht, „sich ihren Lebensunterhalt selbst zu verdienen"[8], sondern die Frauen könnten endlich jenes Potential verwirklichen, das sich in dieser männlichen Gesellschaft, in der sie lediglich als ein „Natur- und Hausgut"[9] angesehen werden, nicht entfalten kann.

Der Text von Adrienne Rich, *Segreti silenzi bugie*, beeindruckte mich tief aufgrund der darin enthaltenen Analysen und Reflexionen über die Familie sowie über „die innere Spaltung, die viele Frauen erleiden bei ihrem Versuch, die Arbeit mit den emotionalen und konkreten Bedürfnissen der Familie zu vereinbaren".[10] Diese Analysen und Reflexionen kommen denen von Iris von Roten sehr nahe. Beide betonen, dass sich in der Gesellschaft bis heute das Bild einer Familie erhalten hat, der ein Familienoberhaupt vorsteht, den Rich „Brötchenverdiener" und von Roten „Ernährer der Familie" nennt, und dass auf der Grundlage von diesem Familienmodell die wichtigsten gesellschaftlichen Strukturen – die Kinderbetreuungs- sowie die Schuleinrichtungen – aufgebaut sind.

Beide Autorinnen nennen als Beispiel die Unterrichtszeiten der Schulen, die „auf der Voraussetzung basieren, dass die Mutter immer verfügbar ist, und dass deren Hauptaufgabe darin besteht, anwesend zu sein, wenn das Kind nach Hause kommt."[11]

Iris vertritt ebenfalls diese Ansicht und stellt fest: „Es ist nicht einzusehen, weshalb die Erziehungs- und Betreuungseinrichtungen sich nicht nach der normalen Arbeitszeit richten können."

Für die Überwindung dieser Konflikte und für die Lösungsfindung verschwenden Frauen ungeheure Energien, und das ist, so Rich, das größte Hindernis für die Aufnahme der Berufstätigkeit. In der Schaffung qualifizierter Strukturen für die Kinderbetreuung sieht sie (genauso wie auch Iris von Roten) die notwendige Voraussetzung, um eine berufliche Tätigkeit ausüben zu können. Ihr Modell setzt einen sehr hohen Standard im Hinblick auf die Leitung dieser Zentren voraus, eine hohe Kompetenz, Professionalität, und vor allem Einfühlungsvermögen und viel Liebe seitens der dort arbeitenden ErzieherInnen, und des anderen Personals, eine hohe Qualität der angebotenen Dienstleistungen (Mensa, kinderärztliche und zahnärztliche Betreuung ...) sowie eine enge Zusammenarbeit zwischen den Eltern und dem Erzieherteam.

Ich erlaube mir, an dieser Stelle eine Bemerkung „a posteriori" zu machen: Ein derartiger Standard der Kinderbetreuung ist bis heute noch nicht einmal von den reichsten Nationen der Erde erreicht worden.

Alle erwähnten Autorinnen unterstreichen, dass die gemeinsame Verantwortung wie auch die gemeinsame Entscheidungsfindung beider Elternteile in Bezug auf die Kinderbetreuung einen außerordentlichen gesellschaftlichen Fortschritt darstellen und jenen entscheidenden und notwendigen Schritt beinhalten würde, der darin besteht „die Beziehung zwischen Männern und Frauen zu überdenken" und „die Familie neu zu gestalten, auf der Grundlage der zivilisierten Beziehungen zwischen Mann und Frau, zwischen Männern und Frauen sowie zwischen Eltern und Kindern".[12]

Ich schließe meine Überlegungen mit einer sehr realistischen Feststellung der amerikanischen Autorin Chodorow, die im Hinblick auf gewünschte und gewollte soziale Fortschritte feststellt:

> Gesellschaftliche Fortschritte geschehen nicht einfach deshalb, weil sie für die Gesellschaft wünschenswert sind, und noch seltener deshalb, weil sie für einige Mitglieder (meistens die schwächsten) wünschenswert sind. Diese Veränderungen hängen ab von den Taten und der bewussten Organisation aller Frauen und aller Männer, die eine Veränderung der geltenden Geschlechterbeziehungen und die Abschaffung der Ungleichheit zwischen den Geschlechtern erreichen möchten.[13]

Io penso positivo perché son viva, perché son viva! – (Ich denke positiv, weil ich lebe, weil ich lebe!)

Es gibt ein Ziel, auf das wir unsere Hoffnungen auf
Fortschritt ausrichten werden, und das ist der symbolische Fortschritt. Was meine ich damit? Die Möglichkeit, in der alten Welt neue Welten zu öffnen, durch
das Schaffen eines größeren und freieren Sinnes der
menschlichen Existenz ...

(Luisa Muraro)

Diese Überschrift ist abgeleitet von dem Lied des italienischen Sän-
gers Lorenzo Jovannotti, das im Original „Io penso positivo" (Ich
denke positiv) heißt. Im Text wird der Satz „Io penso positivo perché
son vivo, perché son vivo" (Ich denke positiv, weil ich lebe, weil ich
lebe) wiederholt, der meiner Meinung nach eine tiefe Wahrheit enthält und mir deshalb außerordentlich gut gefällt. Dazu möchte ich
einige Überlegungen anstellen und erklären, weshalb „es sich lohnt",
das Leben positiv zu sehen und zu erleben, auch wenn es den Frauen
manchmal immer noch erhebliche Anstrengungen abverlangt, die
Augenblicke der „Brüche und Fragmentierungen" zu überwinden,
die typisch sind für das weibliche Leben. Es geht dabei um jene Momente, in denen die Frauen leicht den Kontakt zu sich selbst verlieren
können, da sie sich zwischen Tausenden von großen und kleinen
Aufgaben zerreißen müssen. In diesen Situationen, die Frauen sehr
gut kennen, zeigt sich das „positive Denken" als eine sehr wirksame
Strategie, um den verlorenen Kontakt mit dem eigenen Selbst und mit
dem eigenen Leben wiederherzustellen.

Was bedeutet in diesem Zusammenhang „Ich denke positiv, weil
ich lebe"? Es bedeutet, sich an das Wesentliche zu erinnern, nämlich
daran, dass wir lebendig sind! Wenn wir in der Lage sind, zu erken-

nen, dass wir das Wichtigste, das, worauf es ankommt, bereits in uns tragen, dann können wir unser Leben neu bewerten und unwichtige Dinge, die um uns herum geschehen, relativieren. Also heißt „Ich denke positiv" dass ich optimistisch bin, weil ich lebe, jetzt, weil ich, während ich denke und spreche, das Leben in mir spüre, und das wird zu einer sicheren Strategie, um den Kontakt zu sich selbst wiederherzustellen.

Dieses Bewusstsein zu leben, da zu sein, begleitet uns leider nicht immer; um die Wahrheit zu sagen, meistens sind wir uns der Tatsache, das wir leben, überhaupt nicht bewusst. Doch weshalb betone ich das so sehr? Weil ich diesen Sinn des Lebens, diesen Sinn für die Existenz mit einer Person verbinde, die sehr viel vom Leben und vom Sinn der Lebens versteht – mit der Figur der Mutter. Durch die Wiederaufnahme der Beziehung zu unserer Mutter, die uns das Leben geschenkt hat, kommen wir automatisch in Verbindung mit dem Sein und mit der Welt. Von der Wiederentdeckung des Kontakts mit unserer Mutter, von der Wiederentdeckung der wahren Matrix des Lebens und von der Qualität der Beziehung zu unserer Mutter (die nicht leicht zu erreichen ist, da unsere Kultur sie am liebsten verdrängen würde), hängt unser „positives Denken" ab, unsere positive und konstruktive Einstellung zum Leben.

Wenn ich davon spreche, dass wir das Leben geschenkt bekommen haben, meine ich damit nicht nur die Geburt selbst, die Tatsache, dass wir zur Welt gebracht wurden, sondern vor allem dieses immense Potential an Reichtum, das uns zusammen mit dem Leben geschenkt wurde und das nur darauf wartet, von uns entdeckt zu werden. Wir können diesen Reichtum ignorieren (was in der Tat bei Frauen sehr häufig vorkommt und großes Leid verursacht), oder wir können ihn vollständig für unser Leben und das Leben aller Frauen verwenden, angefangen mit unseren Töchtern. Es ist schwierig, sich einen größeren Schatz vorzustellen. Wie sieht dieses Vorhaben jedoch in der Praxis aus, was müssen wir lernen, um Dankbarkeit gegenüber der Mutter und ihrem Wirken ausdrücken zu können?

Vor allem müssen wir als erwachsene Frauen wieder lernen, die weibliche Liebe auszudrücken, die wir als kleine Mädchen noch zeigen konnten und die dann plötzlich blockiert wurde. Auf dieser Grundlage können wir dann unsere eigene, weibliche Kultur aufbauen. Diese weibliche Kultur meine ich, wenn ich von dem großen Potential, dem großen Reichtum spreche, den es zu entdecken und zu nutzen gibt. Diese weibliche Kultur kann sich nur entwickeln, wenn wir der Figur der Mutter wieder Wert und Autorität verleihen, denn mit keiner anderen Person können wir uns als Frauen besser identifizieren. Mit der Wiederaufwertung der Mutter werten wir auch das gesamte weibliche Geschlecht auf und verleihen ihm Autorität. Dadurch erhalten wir eine Kontinuität in der Beziehung zwischen uns und der Mutter, eine Kontinuität, die Iris die „weibliche Generationenkette" nennt; auch schaffen wir dadurch eine Verbindung zu anderen Frauen und nicht zuletzt eine Verbindung zwischen uns und der Welt.

Die wahre Kraft dieser ursprünglichen Beziehung liegt darin, dass sie uns „immer die Möglichkeit gibt, Freude zu empfinden"[14], uns unabhängig macht und uns ermöglicht, frei über unser Leben zu entscheiden, ein Leben jedoch, das wir als Protagonistinnen leben können.

Die Berührung mit den Gedanken Iris von Rotens sowie den Gedanken zahlreicher Schriftstellerinnen und Theoretikerinnen der Geschlechterdifferenz bedeuteten für mich eine bis dahin unvorstellbare Erweiterung und Bereicherung meiner Sichtweise. In ihren schriftlich geäußerten Gedanken entdeckte ich die konkreten Ergebnisse einer weiblichen Kultur, die seit jeher besteht, die jedoch erst in der jüngsten Vergangenheit sichtbar wurde und sich Respekt erobert hat. Dieser wiedergefundene Mut (der aus der bereits erwähnten, wiedergefundenen Beziehung zu der Mutter und dem Bewusstsein der weiblichen Genealogie entstanden ist), der so stark ist, wie niemals zuvor (vielleicht weil viele mutige Frauen zum ersten Mal gemeinsam auftreten), ermöglicht uns, unser Leben zu revolutionieren – unsere Existenz zu verändern, die uns mit ihrer veralteten Tradition und Kultur missfällt, und gibt uns den Mut, diese Umstände nicht länger als gegeben hinzunehmen. Diese Mutergreifung bedeutet auch den Austritt aus der Isolation und der Einsamkeit, die viele Frauen irgendwann in ihrem Leben kennen gelernt haben. Das führt zu der freudigen Entdeckung weiblicher Freundschaften, hervorgegangen durch den „Austausch der wundervollen Energie, die durch eine in der Öffentlichkeit durchgeführte Tätigkeit"[15] entsteht.

Es gibt genug Gründe, optimistisch zu sein, und ich habe genug Gründe zu singen: „Ich denke positiv, weil ich lebe, weil ich lebe!"

Danksagung

Vor allem möchte ich meinem Mann Thomas danken, der mir 1992 nichtsahnend das Thema für mein Buch „geschenkt" hat. Nachdem er zufällig im deutschen Fernsehen einen Beitrag über die in Vergessenheit geratene schweizer Autorin Iris von Roten gesehen hatte, schenkte er mir in Anbetracht meines Interesses für die Frauen das Buch der Journalistin Yvonne-Denise Köchli *Eine Frau kommt zu früh*. So nahm das Abenteuer seinen Lauf. Ich danke Thomas für seine enorme Unterstützung, vor allem während der Vorbereitung und Niederschrift des Buches.

Ich danke meiner Mutter, die mir mit ihrer Art zu leben ermöglicht hat, Dinge zu verstehen, die nicht erklärt, sonder nur vorgelegt werden können. Ich danke ihr dafür, dass sie seit jeher eine sehr wichtige und konstante Präsenz in meinem Leben darstellt; dass sie mir immer wieder gesagt hat, dass wir zuerst „weibliche menschliche Wesen" sind, und erst dann „Ehefrauen und Mütter", und mit einer großen Selbstverständlichkeit hinzugefügt, dass wir „gar nichts dagegen tun können, als Frauen haben wir eben in allen Bereichen ein Plus".

Ich danke Prof. Maria Luisa Wandruszka, dass sie meinen Vorschlag akzeptierte, über eine in Italien unbekannte Autorin zu schreiben. Ich danke ihr dafür, dass sie meine Literaturdozentin war und mich in die weibliche Welt der symbolischen Ordnung der Mutter, des „Affidamento" und des „von sich selbst ausgehen" eingeführt hat.

Ich danke Dr. Fiorenza Tarozzi, die mir als Historikerin mit großer Offenheit und Hilfsbereitschaft unterstützt hat.

Ich bin als weibliches Wesen geboren und habe meine Wiedergeburt als Frau erfahren, als ich meine Tochter Carlotta zur Welt gebracht habe. Danke, Carlotta. Dankbar bin ich auch meinem Sohn Filippo, denn durch ihn habe ich die reale Chance, einen „neuen Mann" hervorzubringen. Diese Welt im ausgehenden Patriarchat braucht sie so sehr.

Ich danke Hortensia von Roten, dass sie mir erlaubte, mich ihrer Familie zu nähern, die ein Stück schweizer Zeitgeschichte darstellt. Ich danke ihr von Herzen für die wertvolle Zeit, die sie mir gewidmet hat, und die wunderbare Freundschaft, die daraus entstanden ist.

Ich danke meiner Schwester Marta für ihre Hilfe und Inspirationen, die vom Himmel aus immer den Weg zu mir fanden, auch durch ihren Sohn Alain, der mit seinen Ratschlägen und seiner Präsenz vieles in mir bewirkte. Meiner Schwester Claudia danke ich für die „irdische Hilfe", die phantasievollen Unterhaltungsprogramme für Carlotta und Filippo, während ich an dem Buch arbeitete.

Last but not least danke ich der Übersetzerin Renate Bakov für die freudige und effiziente Zusammenarbeit in Kronberg. Sie hat es verstanden, für die Essenz meiner Gedanken die treffenden Worte zu finden.

Literatur

Roten, Iris von: Frauen im Laufgitter, Hallwag Verlag, Bern 1958, 3. Auflage, efeF-Verlag, Zürich-Dortmund 1992
- Frauenstimmrechtsbrevier, Froebenius Verlag, Basel 1959
- Vom Bosporus zum Euphrat. Eine Reise durch die Türkei, Henry Goverts Verlag, Stuttgart 1965, 2. Auflage, efeF-Verlag, Zürich-Dortmund 1993
- Blumenblicke, Hortensia von Roten (Hg.), efeF-Verlag, Zürich-Dortmund 1993

Accati, Luisa: Simboli maschili e simboli femminili nella devozione alla Madonna della Controriforma: appunti per una discussione, in: Elisja Schulte van Kessel (a cura di), Donne e Uomini nella cultura spirituale, Bulzoni editore, Roma, 1990
Associazione D.I. Firenze: Immobilità del corpo femminile, Atti di aggiornamento, Tipografia RISMA, Firenze, 1990
Baeus-Lindroth, Anne: La vita spiegata ai miei figli, Bompiani, Milano, 1999
Bainton, Roland H.: Donne della riforma, Claudiana, Torino, 1992
Beauvoir, Simone de: Il secondo sesso, Il Saggiatore, Milano, 1999 [dt. Ausg.: Das andere Geschlecht, Rowohlt, Reinbek 2000] Quando tutte le donne del mondo, Enaudi, Torino, 1982
Bechtel, Guy: Le quattro donne di Dio, Pratiche Editrice, Milano, 2001
Bock, Gisela: Storia, Storia delle donne, storia di genere, Estro Editrice, Firenze, 1988 [dt. Ausg.: Frauen in der europäischen Geschichte. Vom Mittelalter bis zur Gegenwart, C.H. Beck, München 2000]
Bouchard, Giorgio: Da Lutero a Martin Luther King, Claudiana, Torino, 1996
Bocchetti, Alessandra: Cosa vuole una donna, La Tartaruga edizioni, Milano, 1995
Dell'ammirazione, in: Adriana Moltedo (a cura di), Femminismo, Union Printing, Viterbo, 1996
Braidotti, Rosi: Dissonanze, le donne e la filosofia contemporanea, La Tartaruga edizioni, Milano, 1994
Brinkler-Gabler, Gisela: Deutsche Literatur von Frauen, zweiter Band, 19. und 20. Jahrhundert, H.C. Beck Verlag, München 1988
Cavarero, Adriana: Nonostante Platone, figure femminili nella filosofia antica, Editori Riuniti, Roma, 1999 [dt. Ausg.: Platon zum Trotz. Weibliche Gestalten der antiken Philosophie, Rotbuch Verlag, Hamburg 1992]
Chodorow, Nancy: La funzione materna. Psicanalisi e sociologia del ruolo materno, La Tartaruga edizioni, Milano, 1991 [dt. Ausg.: Das Erbe der Mütter. Psychoanalyse und Soziologie der Geschlechter, Verlag Frauenoffensive, München 1994]
Compton-Burnett, Ivy: Piu donne che uomini, Longanesi & C., Milano, 1950 [dt. Übers.: Männer und Frauen, DTV Verlag, München 1993]

Di Cori, Paola: La critica femminista alla storia, CLUEB, Bologna, 1996

Diotima: Il pensiero della differenza sessuale, La Tartaruga edizioni, Milano, 1987
[dt. Übers.: Der Mensch ist zwei. Das Denken der Geschlechterdifferenz,
Wiener Frauenverlag, Wien 1993]

– Mettere al mondo il mondo. Oggetto e oggettività alla luce della differenza sessuale,
La Tartaruga edizioni, Milano, 1990

– [dt. Übers.: Die Welt zur Welt bringen. Politik, Geschlechterdifferenz und Arbeit am
Symbolischen, Ulrike Helmer Verlag, Königstein/Ts. 1999]

– Il cielo stellato dentro di noi. L'ordine simbolico della madre, La Tartaruga edizioni, Milano, 1992

– Oltre l'uguaglianza. Le radici femminili dell'autorità, Liguori editore, Napoli, 1995
[dt. Übers.: Jenseits der Gleichheit. Die weiblichen Wurzeln der Autorität, Ulrike Helmer Verlag, Königstein/ Ts. 1999]

– La sapienza di partire da se, Liguori editore, Napoli, 1996

– Il profumo della maestra. Nei laboratori della vita quotidiana, Liguori editore,
Napoli, 1999

Dohm, Hedwig: Was die Pastoren von den Frauen denken, in: Twellman, M. (Quel-
lenband): Jesuitismus im Hausstand, Berlin 1873

Drewermann, Eugen: Die Botschaft der Frauen. Das Wissen der Liebe, Walter-Verlag,
Olten und Freiburg/Brsg. 1992

Duby, Georges: Mütter, Witwen, Konkubinen. Frauen im zwölften Jahrhundert,
S. Fischer Verlag, Frankfurt am Main 1997

Duden, Barbara: Il corpo della donna come luogo pubblico. Sull'abuso del concetto di
vita, Bollati Boringhieri, Torino, 1994 [dt. Ausg.: Der Frauenleib als öffentlicher Ort. Vom Missbrauch des Begriffs Leben, Luchterhand Litera-
turverlag, Hamburg-Zürich 1991]

Fabbri, Moreno (Hg.): Scrittrici del novecento europeo, Editrice C.R.T., Pistoia, 1998

Figes, Eva: Il posto della donna nella società degli uomini, Feltrinelli, Milano, 1976

Fiume, Giovanna (Hg.): Madri – Storia di un ruolo sociale, Marsilio editore, Venezia,
1995

Fouque, Antoinette: I sessi sono due. Nascita della femminologia, Nuova Pratiche
Editrice, Milano, 1999

Francescato, Donata: Amore e potere, Arnoldo Mondadori, Milano, 1999

Frankfurter Frauenschule : Frauen-Arbeit: Entfremdung und Freiheit, Ulrike Helmer
(Hg.) Verlag, Königstein /Ts. 1999

Fusini, Nadia: Uomini e donne – Una fratellanza inquieta, Donzelli editore, Roma,
1996

Gallas, Helga: Untersuchungen zum Roman von Frauen um 1800, Heuser, Magdele,
Max Niemeyer, Tübingen 1990

Gilliagan, Carol: Con voce di donna, Feltrinelli, Milano, 1988 [dt. Ausg.: Die andere
Stimme. Lebenskonflikte und Moral der Frau, 3. Auflage, Piper Verlag,
München 1988]

G.M.: Frauen im Laufgitter. Die offenen Worte einer Schweizerin, in: Schweizer
Illustrierte, Zürich 3. November 1958

Goldman, Emma: Amore emancipazione – Tre saggi sulla questione della donna,
Edizioni La Fiaccola, Ragusa, 1996

Grossenbacher, Silvia: Familienpolitik und Frauenfrage in der Schweiz, Rüegger
Verlag, Grüscht 1987

Hahn, Barbara: Frauen in den Kulturwissenschaften. Von Lou Andreas-Salomé bis Hannah Arendt, C.H. Beck, München 1994

Heilbrun, Carolyn G.: Scrivere la vita di una donna, La Tartaruga edizioni, Milano, 1990

Irigaray, Luce: Questo sesso che non è un sesso. Sulla condizione sessuale, sociale e culturale delle donne, Feltrinelli Editore, Milano, 1978 [dt. Ausg.: Das Geschlecht, das nicht eins ist, Merve, Berlin 1979]

– Sessi e genealogie, La Tartaruga edizioni, Milano, 1989 [dt. Ausg.: Genealogie der Geschlechter, Freiburg 1989]

– Die Zeit der Differenz. Für eine friedliche Revolution, Campus Verlag, Frankfurt am Main 1991

– Io, tu, noi: per una cultura della differenza, Bollati Boringhieri, Torino, 1992

– Amo a te, Bollati Boringhieri, Torino, 1993

– La democrazia comincia a due, Bollati Boringhieri, Torino, 1994

– Essere due, Bollati Boringhieri, Torino, 1994

– Il respiro delle donne, Il saggiatore, Milano, 1997 [dt. Übers.: Die Zeit des Atems, Göttert Verlag, Rüsselsheim 1999]

– Zu zweit, wie viele Augen haben wir? Göttert Verlag, Rüsselsheim 2000

Jong, Erica: Cosa vogliono le donne, Bompiani, Milano, 1999

Kirkland, Winifried: La gioia di essere donna, Edizioni Theoria, Roma-Napoli, 1996

Köchli, Yvonne-Denise: Eine Frau kommt zu früh. Das Leben der Iris von Roten, Weltwoche-ABC-Verlag, Zürich 1992

– Sündenbock Frau. Was blüht dem weiblichen Geschlecht, wenn die Mutterschaftversicherung abgelehnt wird? In: Die Weltwoche, Ausgabe Nr. 22/99, Zürich 3. Juni 1999

Kym, Hedwig: In Memoriam Meta v. Salis/Marschlins, F.Schuler Verlag, Chur 1929

Libreria delle donne: Sottosopra rosa: Alcuni documenti sulla Pratica   Politica, Milano, Dicembre 1976

– Non credere di avere dei diritti, Rosenberg & Sellier, Torino, 1987 [dt. Übers.: Das Patriarchat ist zu Ende. Es ist passiert – nicht aus Zufall, Göttert Verlag, Rüsselsheim 1996]

– Sottosopra verde: Più donne che uomini, Milano, Gennaio 1983 [dt. Übers.: Mehr Frau als Mann, in: Jürgens, Gisela/ Dickmann, Angelika, frauen-lehren, Göttert Verlag, Rüsselsheim 1995]

– Sottosopra blu: Sulla rappresentanza famminile, sull'arte di polemizzare tra donne e sulla rivoluzione scientifica in corso, Milano, Giugno 1987

– Sottosopra oro: Un filo di felicità, Milano, Gennaio 1989

– Via Dogana: Sopra la legge, n. 5, Milano, Giugno 1992

– Via Dogana: Adamo ed Eva. La strana coppia, n. 7, Milano, Novembre/Dicembre 1992

– Quaderni di Via Dogana: Lingua e verità, Milano, 1995

– Sottosopra rosso: E'accaduto non per caso, Milano, Gennaio 1996

– Via Dogana: Donne dell'altro mondo, n. 50/51, Milano, Settembre 2000

– Via Dogana: La traduzione libera della differenza femminile, n. 52/53, Milano, Dicembre 2000

Lispector, Clarice: La passione secondo G.H., Editori la Rosa, Torino, 1982 [dt. Ausg.: Die Passion nach G.H., Rowohlt TB-V, Reinbek 1984]

– Vicino al cuore selvaggio, Adelphi edizioni, Milano, 1987 [dt. Ausg.: Nahe dem wilden Herzen, Suhrkamp, Frankfurt am Main 1992]

Long, Franca: Protestanti e sessualità, Claudiana, Torino, 1998

Lonzi, Carla: Armande sono io, Scritti di rivolta femminile, Milano, 1992

Mec Grath, Alister: Giovanni Calvino. Il riformatore e la sua influenza sulla cultura occidentale, Claudiana, Torino, 1991

Mesmer, Beatrix: Ausgeklammert – Eingeklammert. Frauen und Frauenorganisationen in der Schweiz des 19. Jahrhunderts, Helbing & Lichtenhahn, Basel und Frankfurt am Main 1988

Metz-Becker, Marta: Schreibende Frauen – Marburger Schriftstellerinnen des 19. Jahrhunderts, Presseamt der Stadt Marburg, Marburg 1990

Mosse, George L.: Sessualità e nazionalismo, Edizioni Laterza, Bari, 1996 [dt. Übers.: Nationalismus und Sexualität. Bürgerliche Moral und sexuelle Normen, Rowohlt TB-V., Reinbek 1987]

Muraro, Luisa: L'ordine simbolico della madre, Editori Riuniti, Roma, 1991 [dt. Übers.: Die symbolische Ordnung der Mutter, Campus Fachbuch, Frankfurt am Main 1993]

– Tre lezioni sulla differenza sessuale, Edizioni centro culturale Virginia Woolf, Roma, 1994

– Lingua materna, scienza divina, M. D'Auria Editore, Napoli, 1995

– Lingua e verità, Quaderni di Via Dogana, Supplemento al No. 23 di Via Dogana, Settembre-Ottobre 1995

– La folla nel cuore, Nuova Pratiche Editrice il Saggiatore, Milano, 2000 [dt. Übers.: Die Menge im Herzen, Göttert Verlag, Rüsselsheim 2001]

Nave-Herz, Rosemarie: Die Geschichte der Frauenbewegung in Deutschland, Schlütersche Verlagsanstalt und Druckerei, Hannover 1993

OFRA Basel: Frauen machen Geschichte, eFeF-Verlag, Bern 1997

Pinkola Estes, Clarissa: Donne che corrono coi lupi. Il mito della donna selvaggia, Edizioni Frassinelli, Milano, 1993 [dt. Übers.: Die Wolfsfrau. Die Kraft der weiblichen Urinstinkte, Heyne Verlag, München 1993]

Rich, Adrienne: Segreti silenzi bugie. Il mondo comune delle donne, La Tartaruga edizioni, Milano, 1982

– Nato di donna, Garzanti, Milano, 1983 [dt. Ausg.: Von Frauen geboren. Mutterschaft als Erfahrung und Institution, Frauenoffensive, München 1978]

Rossi-Doria, Anna: Il primo femminismo (1791 – 1834), Edizioni Unicoepli, Milano, 1993

Rullmann, Marit u.a.: Philosophinnen – von der Antike bis zur Aufklärung, eFeF-Verlag, Zürich-Dortmund 1993

Rutschky, Katharina: Emma und ihre Schwestern, Carl Hanser Verlag, München-Wien 1999

Salis-Marschlins, Meta v.: Die unerwünschte Weiblichkeit in: Doris Stump: Sie töten uns – nicht unsere Ideen, Meta von Salis-Marschlins (1855-1929). Schweizer Frauenrechtskämpferin und Schriftstellerin, Paeda-Media-Genossenschaftsverlag, Zürich 1988

Salvo, Anna: Perversioni al femminile, Mondadori, Milano, 1997

Schmidt, Ricarda: Westdeutsche Frauenliteratur in den 70er Jahren, Fischer Verlag, Frankfurt am Main 1984

Schwarzer, Alice: Lohn: Liebe. Zum Wert der Frauenarbeit, Suhrkamp Verlag, Frankfurt am Main 1985

Schwarzer, Alice: Wir stehen auf den Schultern von Riesinnen, in: „Frauen der Aufklärung", Ulrike Helmer Verlag, Frankfurt am Main 1995

Segler-Messner Silke: Zwischen Empfindsamkeit und Nationalität, Erich Schmied Verlag, Berlin 1998

Società italiana delle storiche: Generazioni trasmissione della storia e tradizione delle donne, Rosenberg & Sellier, Torino, 1993

Speck, Otto: Kinder erwerbstätiger Mütter, Ferdinand Enke Verlag, Stuttgart 1956

Steinbrügge, Liselotte: Das männliche Geschlecht, Stuttgart 1992

Treichler, Hans Peter: Abenteuer Schweiz – Geschichte in Jahrhundertschritten, Direktorin Migros-Presse, Zürich 1991

Thüne, Eva-Maria (Hg.): All' inizio di tutto la lingua materna Rosenberg & Sellier, Torino, 1998

Verlag Walliser Bote: Leitartikel und Kolumnen von Peter von Roten. Eine Auslese seiner über 5000 im „Walliser Bote" zwischen 1944 und 1991 erschienenen Artikel, Verlag Walliser Bote, Visp 1992

Wandruszka, Maria Luisa: Orgoglio e misura. Quattro scrittrici tedesche, Rosenberg & Sellier, Torino, 1993

– Mettere insieme i frammenti. Da Caroline Schlegel a Robert Altman, Carocci editore, Roma, 2002

Weil, Simone: La provocazione della verità, Liguori editore, Napoli, 1990 [dt. Ausg.: Im Bann der Wahrheit. Hundert Worte von Simone Weil, Neue Stadt, Wien 2000]

Woodtli, Susanne: Gleichberechtigung, Verlag Huber Frauenfeld, Zürich 1983

Woolf, Virginia: Le tre ghinee, La Tartaruga, Milano, 1975 [dt. Ausg.: Drei Guineen, Verlag Frauenoffensive, München 1987]

– Momenti di essere, La Tartaruga edizioni, Milano, 1977

Zangen, Britta (Hg.): Feministische Utopien, Bücken & Sulzer Verlag GbR, Overath 2002

Zetkin, Clara: La questione femminile e la lotta al riformismo, Gabriele Marzotta editore, Milano, 1972

Anmerkungen

Kapitel I

1 Yvonne-Denise Köchli, Eine Frau kommt zu früh, 1992, Zürich, Weltwoche-ABC-Verlag, S. 52

2 Carolyn Heilbrun, Scrivere la vita di una donna, 1990, Milano, La Tartaruga edizioni, S.135.

3 Yvonne-Denise Köchli, S. 33

4 Ebd., S. 61

5 Ebd., S. 71

6 Titel der Rezension: Frauen im Laufgitter. Die „offenen Worte" einer Schweizerin

7 Yvonne-Denise Köchli, S. 113

8 Ebd., S. 114

9 Dieser Ausdruck stammt von Luisa Muraro, die ihn in ihrem Leitartikel der Zeitschrift Via Dogana des Mailänder Frauenbuchladens, Nr. 50/51, S. 4 vom September 2000 „äußerst treffend findet für die Entfremdung der Frau in Bezug auf diese Welt".

10 Ebd., S. 5

11 Diese Worte stammen von Anna Maria Piussi, die im Artikel ‚Stelle pianeti, galassie, infinito', erschienen bei Diotima, Mettere al mondo il mondo, La Tartaruga edizioni, Milano, 1990, S. 124, von dem „wirksamen weiblichen Handeln" spricht.

12 Libreria delle donne, Fascicolo speciale di sottosopra, Piú donne che uomini, Milano, gennaio 1983, S. 3

13 Carolyn Heilbrun, a.a.O., S.10

14 An dieser Stelle knüpfe ich an den Gedanken von Luisa Muraro in: „Tre lezioni sulla differenza sessuale", Edizioni Centro Culturale Virginia Woolf – Gruppo B – Rom 1994, S.120 an, über den Grund für die Verachtung, die Männer den Frauen entgegenbringen. Die Ursache für dieses Problem sieht sie in der Unsicherheit der Männer in Bezug auf die eigene Männlichkeit und schreibt: „je unsicherer ein Mann hinsichtlich seiner Identität ist, desto mehr verachtet er das andere Geschlecht".

15 Elisabeth Joris, Die Fünfzigerjahre – Das Werk – Die Autorin, (Nachwort) in: Iris von Roten, *Frauen im Laufgitter*, eFeF-Verlag, Zürich-Dortmund 1992, S. 584

16 Libreria delle Donne, Sottosopra rosso: È accaduto non per caso, Milano, Gennaio 1996, S. 3

Kapitel II

1 Carolyn Heilbrun, a.a.O., S. 101

2 Dieser Auszug stammt aus der nicht veröffentlichen Autobiographie von Meta von Salis, Aus meinem Leben, zitiert in Doris Stump, *Sie töten uns – nicht unsere Ideen*, Paeda Media Genossenschaftsverlag, Thalwil/Zürich, 1988, S. 62

3 Ebd., S. 84

Kapitel III

1 Virginia Woolf, *Le tre ghinee*, La Tartaruga edizioni, Milano, 1975, S. 138

2 Diotima, *Il pensiero della differenza sessuale*, La Tartaruga edizioni, Milano, 1987, S. 23-24

3 Luce Irigaray, *La democrazia comincia a due*, Bollati Boringhieri, Torino, 1994, S. 130

4 Ebd., S. 129

5 Luce Irigaray, *Amo a te*, Bollati Boringhieri, Torino, 1993, S. 53

6 Diotima, a.a.O., S. 56-58

7 Luisa Muraro in: Via Dogana, Libreria delle Donne, Milano, Nr. 50/51, September 2000, S. 4

Kapitel IV

1 Iris von Roten, *Vom Bosporus zum Euphrat. Eine Reise durch die Türkei*, 1. Auflage, Henry Goverts Verlag, Stuttgart 1965, 2. Auflage, eFeF Verlag, Zürich – Dortmund 1993 S. 11-12

2 Dieser Ausdruck, der aus Sottosopra Verde, a.a.O., S. 3 stammt, gefällt mir besonders, weil es dieses Wohlgefühl wiedergibt, das Frauen empfinden, wenn sie ihr Leben selbstbestimmt führen.

3 Luce Irigaray, *La democrazia cominia a due*, a.a.O., S. 44

4 Diese Worte stammen aus dem Artikel "Das Patriarchat ist zu Ende", erschienen in Sottosopra Verde, a.a.O. S. 2

5 Luisa Muraro, Partire da sé e non farsi trovare, in: Diotima, *La sapienza di partire da sé*, Liguori editore, Napoli, 1996, S. 13

6 Ebd., S. 14

7 Chiara Zamboni, Il materialismo dell'anima, in: Diotima, *La sapienza di partire da* sé, a.a.O., S. 159

Kapitel V

1 Dieser Gedanke stammt aus dem Buch von Alessandra Bocchetti, Che cosa vuole una donna, La Tartaruga edizioni, Milano, 1995, S. 49

2 Luisa Muraro, Orientamento della riconoscenza, in: Diotima, Il cielo stellato dentro di noi. L'ordine simbolico della madre, La Tartaruga edizioni, Milano 1992, S. 13

3 Luisa Accati, Simboli maschili e simboli femminili nella devozione alla Madonna della Controriforma: appunti per una discussione, in: Elisja Schulte van Kessel (a cura di), Donne e Uomini nella cultura spirituale, Bulzoni editore, Roma, 1990 S. 42

4 Rosi Braidotti, Dissonanze, La Tartaruga edizioni, Milano, 1994, S. 106

5 Adrienne Rich, Nato di donna, Garzanti Editore, Milano, 1983, S. 34-35

6 Barbara Duden, Il corpo della donna come luogo pubblico. Sull'abuso del concetto di vita, Bollati Boringhieri, Torino, 1994

7 Alessandra Bocchetti, Cosa vuole una donna, La Tartaruga edizioni, Milano, 1995, S. 15

8 Ebd., S. 52

9 Ebd., S. 52

10 Virginia Woolf, a.a.O., S. 24

11 Alessandra Bocchetti, a.a.O., S. 52

12 Alessandra Bocchetti, Dell'ammirazione, in: Adriana Moltedo (a cura di), Femminismo, Union Printing di Viterbo, 1996, S. 35

Kapitel VI

1 Elisabeth Joris, a.a.O., S. 580

2 Nancy Chodorow, La funzione materna. Psicanalisi e sociologia del ruolo materno, La Tartaruga edizioni, Milano, 1991, S. 281

3 Lia Cigarini, La separazione femmiline in: Libreria delle Donne, Sottosopra blu: Sulla rappresentanza femminile, sull'arte di polemizzare tra donne e sulla rivoluzione scientifica in corso, Milano, Giugno 1987, S. 1

4 Nancy Chodorow, a.a.O., S. 281

5 Ebd., S. 275

6 Ebd., S. 275-276

7 Ebd., S. 282

8 Über dieses Recht sprach ich bereits in dem Kapitel über die Arbeit und erinnerte daran, dass Virginia Woolf dieses Recht als das „allen anderen übergeordnete" bezeichnete, „dass wir uns nicht mehr wegnehmen lassen werden".

9 Ich beziehe diesen Ausdruck von Luce Irigaray aus: Amo a te, a.a.O., S. 51

10 Adrienne Rich, Silenzi segreti bugie. Il mondo commune delle donne, La Tartaruga edizioni, Milano, 1982, S. 90

11 Ebd., S. 90

12 Luce Irigaray, La democrazia comincia a due, a.a.O., S. 90

13 Nancy Chodorow, a.a.O., S. 283

14 Dieser wunderschöne Ausdruck stammt von Luisa Muraro, L'orientamento della riconoscenza, in: Diotima, Il cielo stellato dentro di noi. L'ordine simbolico della madre, La Tartaruga edizioni, Milano, 1992, S. 18

15 Carolyn Heilbrun, a.a.O., S. 130-131

Mehr zur Geschlechterdifferenz

DIOTIMA
Die Welt zur Welt bringen
Politik, Geschlechterdifferenz
und die Arbeit am Symbolischen
Herausgegeben, a. d. Italienischen übers. u. kommentiert
v. Andrea Günter, Dorothee Markert und Antje Schrupp
3-89741-030-3

DIOTIMA
Jenseits der Gleichheit
Über Macht und die weiblichen Wurzeln der Autorität
Herausgegeben, a. d. Italienischen übers. u. kommentiert v.
Dorothee Markert und Antje Schrupp
3-89741-023-0

Materialienband 21: Frauen – Arbeit
Entfremdung und Freiheit
Mit Beiträgen aus Italien im Kontext
des Mailänder Frauenbuchladens und
der Philosophinnengemeinschaft DIOTIMA
Herausgegeben von der Frankfurter Frauenschule und Gisela Jürgens
3-89741-028-1

Ute Gerhard, Andrea Maihofer u.a. (Hg.)
Differerenz und Gleichheit
Menschenrechte haben (k)ein Geschlecht
3-927164-11-9

Martina Haasis
Die feministische pädagogische Beziehung
Ausgewählte pädagogische Konzepte
und der Beitrag des Affidamento
3-89741-115-6

Barbara Blüml, Gabi Reineke,
Adelheid Unterstaller, Ingrid Thalhofer (Hg.)
GAIA – Feministische Bildungsarbeit in Bewegung
3-89741-093-1

Heike Kahlert / Claudia Lenz (Hg.)
Die Neubestimmung des Politischen
Denkbewegungen im Dialog mit Hannah Arendt
3-89741-078-8

Andrea Maihofer
Geschlecht als Existenzweise
3-927164-21-6

Dorothee Markert
Momo, Pippi, Rote Zora ... was kommt dann?
Leseerziehung, weibliche Autorität und Geschlechterdemokratie
3-927164-67-4

Lisa Schmuckli
Differenzen und Dissonanzen
Zugänge zu feministischen Erkenntnistheorien in der Postmoderne
3-927164-04-6

Lisa Schmuckli
Hautnah: Körperbilder – Körpergeschichten
Philosophische Zugänge zur Metamorphose des Körpers
3-89741-068-0

Antje Schrupp
Nicht Marxistin und auch nicht Anarchistin
Frauen in der Ersten Internationale
3-89741-022-2

Andrea Günter
Weltliebe
Gebürtigkeit, Geschlechterdifferenz und Metaphysik
3-89741-132-6

Andrea Günder
Die weibliche Seite der Politik
Ordnung der Seele, Gerechtigkeit der Welt
3-89741-067-2

Andrea Günder
Politische Theorie und sexuelle Differenz
Feministische Praxis und die symbolische Ordnung der Mutter
3-89741-009-5

Andrea Günder
Weibliche Autorität, Freiheit und Geschlechterdifferenz
Bausteine einer feministischen politischen Theorie
3-927164-05-4

Andrea Günter, Verena Wodtke-Werner (Hg.)
Frauen – Mystik – Politik in Europa
Beiträge aus Italien, Spanien und Deutschland
3-89741-043-5

ULRIKE HELMER VERLAG
www.ulrike-helmer-verlag.de